왜
부여 대소왕은
억울하다고
할까?

교과서 속 역사 이야기, 법정에 서다

02
역사공화국
한국사법정

대소왕 VS 추모왕

왜 부여 대소왕은 억울하다고 할까?

글 김용만 | 그림 이동철

주 자음과모음

　부여는 고조선과 함께 한국사의 중요한 뿌리임에 틀림없는데
도 널리 알려져 있지 않습니다. 부여는 고구려와 백제의 조상이 되
는 나라로, 늦어도 기원전 3세기경에는 건국되어 기원후 494년까지
700년이 넘는 긴 역사를 자랑합니다. 기원후 42년에 가야가 등장한
뒤 494년까지는 고구려, 백제, 신라의 삼국 시대가 아닌 부여와 가야
를 포함한 '5국 시대'라고 할 만하지요. 부여가 널리 알려지지 않은
가장 중요한 이유는 부여에 관한 기록이 부족했기 때문입니다. 그것
은 부여가 고구려의 어버이 나라임에도 뒷날 고구려가 부여를 멸망
시키면서 부여의 역사를 축소하고 왜곡했기 때문이지요.

　널리 알려진 고구려의 건국 신화는 사실 고구려가 부여의 건국 신
화를 빼앗아서 고구려 건국 시조인 추모왕(주몽)에게 덧씌워 만들어

낸 것입니다. 고구려의 역사를 화려하게 장식하기 위해 부여의 역사가 가려졌던 것이지요. 부여가 없었다면 고구려도 없었을 것입니다. 고구려사를 소중하고 자랑스러운 역사로 여기면서도 고구려 역사에 가려진 부여의 역사를 잘 모르고 있는 것은 매우 안타까운 일이지요. 고구려의 뿌리인 부여의 역사를 모른다면 우리는 역사를 바로 알기 어려울 것입니다.

백제 26대 성왕은 538년 수도를 사비(지금의 부여)로 옮길 때 국호를 남부여라고 고치면서 부여를 계승하겠다는 의지를 널리 알린 바 있습니다. 백제도 고구려와 마찬가지로 부여를 계승했음을 자랑스럽게 외쳤던 것이지요. 뿐만 아니라 부여가 멸망한 이후에도 부여의 유민들에 의해 두막루국이 세워졌고, 발해의 무왕은 728년 일본에 외교 사절을 보내면서 "발해는 고구려의 영토를 회복하고 부여의 풍속을 계승하였다"라고 자랑스럽게 선언했습니다.

그렇지만 부여의 역사는 후손들에게 널리 알려지지 못했습니다. 부여의 전성기를 누렸던 대소왕은 너무도 억울한 심정일 것입니다. 강력한 국력을 자랑하던 부여를 후손들이 몰라주고, 자신은 고구려의 건국 시조인 추모왕을 괴롭힌 못된 왕으로 알려졌으니 말입니다.

대소왕은 한국사법정에 호소합니다. 고구려 사람들에 의해 왜곡되고 가려진 부여의 역사를 후손들에게 바르게 알려 달라고 말입니다. 그리고 자신이 얼마나 대단한 왕이었는지, 부여가 얼마나 훌륭하고 우리 역사에서 중요한 나라였는지 바로 밝혀 달라고 말합니다.

반면 피고인 추모왕은 말합니다. 역사는 '승자의 기록'이라고 말입니다. 고구려가 부여보다 더 오래 살아남았고, 후손들이 자신을 높여서 영웅으로 만들어 준 것에 늘 감사한다고 합니다. 또한 대소왕이 자신을 질투했으며, 부여와 고구려의 경쟁은 필연적이었다고 말하지요. 대소왕은 자신과 고구려를 괴롭혔던 적국의 왕일 뿐이라는 것입니다.

대소왕이 추모왕과 그 후손들을 고발한 이번 재판을 통해 여러분은 부여사를 새롭게 생각하게 될 것입니다. 또한 고구려 초기 역사에 대해서도 다시금 생각할 수 있게 될 것입니다.

과연 대소왕이 한국사법정에서 승리할 수 있을까요? 부여의 역사가 고구려 역사만큼 많은 사람의 사랑을 받게 될 수 있을까요? 대소왕이 소송을 낸 사건에 대해 여러분 스스로 한국사법정의 판사가 되어 판결을 내려 보시기 바랍니다.

김용만

차례

우리 민족 최초의 국가인 고조선이 사라질 무렵 주변 지역에서는 한민족의 또 다른 집단들이 부족 단위로 세력을 키워가고 있었다. 만주 지방에는 부여와 고구려가 자리를 잡았다.

우리 민족의 조상은 신석기 시대 요령, 만주, 한반도 일대에 정착한 주민들로 짐작된다. 고조선, 부여, 고구려, 삼한 등의 나라를 세운 종족들이 우리 민족의 주류를 이루었다.

고등학교

한국사

I. 우리 역사의 형성과 고대 국가
  1. 동트는 우리 역사
    (2) 계급이 발생하고, 국가가 출현하다

I. 우리 역사의 형성과 고대 국가
  2. 고조선과 여러 나라의 성장
    (2) 철기 문화를 기반으로 등장한 여러 나라

부여는 우리 역사에서 고조선 다음으로 성립한 나라였으며, 고구려와 백제의 건국 세력들은 스스로가 부여의 후예임을 주장하였다.

기원전

138년 한나라 장건, 비단길 개척

100년 카이사르 탄생

27년 로마, 아우구스투스 제정 시작

4년 예수 탄생

기원후

54년 네로 황제 즉위

80년 콜로세움 건설

96년 로마, 오현제 시대 시작

105년 채륜, 종이 발명

306년 로마, 콘스탄티누스 대제 즉위

313년 로마, 기독교 공인

375년 게르만족, 대이동 시작

395년 로마 제국, 동서로 분열

476년 서로마 제국 멸망

원고 **대소왕**(B.C. 60년경~A.D. 22년, 재위 B.C. 10년경
~A.D. 22년)

나는 왜 항상 추모왕을 괴롭히는 악역으로만 그
려질까요? 그리고 왜 부여의 역사는 이렇게 축소
되고 왜곡되었을까요? 이제 부여국의 왕자인 내
가 나서야 할 때인 것 같군요.

원고 측 변호사 **오진실**

저는 이름처럼 오직 진실만을 변호하는 변호사입니
다. 비록 이승에서는 성공을 거두지 못했지만, 성공
보다는 진실을 밝히는 게 훨씬 중요하다고 믿는 진정
한 법조인이라고 할 수 있지요.

원고 측 증인 **장수왕**

나는 우리 역사에 큰 발자취를 남긴 광개토대왕의 아들입니다. 기원후 412년부터 491년까지 고구려 제20대 임금을 지내면서 아버지 못지않은 업적을 남겼답니다.

원고 측 증인 **금와왕**

나는 부여의 왕으로 대소의 아버지이자 유화의 남편이지요. 유화를 매우 사랑하여 추모까지도 너그럽게 품어 주었습니다.

판사 **정역사**

나는 역사공화국에서 공정하기로 소문난 정역사 판사입니다. 변호사들에게 엄하게 대할 때도 있지만, 역사에 대한 호기심과 공정한 판결에 대한 노력은 나를 능가할 사람이 없지요.

피고 **추모왕**(B.C. 58년~B.C. 19년, 재위 B.C. 37년 ~B.C. 18년)

내가 그 유명한 고구려를 세운 주몽입니다. 주몽은 활을 잘 쏜다고 하여 붙여진 별명이지요. 내가 세운 고구려에 대해서는 더 말해야 입만 아프겠죠?

피고 측 변호사 **이대로**

역사공화국에서 명변호사로 널리 알려진 이대로입니다. 역사적 진실은 쉽게 변하는 것이 아니라고 생각하는 변호사이지요. 여러분, 기존의 역사적 평가는 다 이유가 있다니까요!

피고 측 증인 협부

나는 추모왕의 강력한 지지자입니다. 그분을 충성스럽게 보좌한 덕에 고구려에서 부귀영화를 누리며 살 수 있었고, 아들인 유리왕 시대에도 높은 관직을 차지하였답니다. 하지만……

피고 측 증인 유화 부인

나는 금와왕의 아내이자 추모왕의 어머니입니다. 자식을 훌륭하게 키우고 국모로서의 역할을 잘한 덕분에 고구려 사람들은 나를 부여신으로 섬기고 제사를 지내 주었지요.

피고 측 증인 소서노

나는 추모왕의 아내입니다. 추모왕이 부여에서 내려오기 전까지 졸본 땅을 다스리는 실질적인 여주인이었지만, 추모왕을 진심으로 존경해 추모왕이 나라를 세우는 데 결정적인 도움을 주었지요.

"내가 왜 부여의 못난 왕자란 말이오?
나는 부여의 전성시대를 연 임금이었소"

여기는 영혼들이 모여 사는 역사공화국. 이곳에서도 영혼들은 살아 있을 때와 같이 여기저기를 오가며 재미있게 살아가지.

그리고 나 오진실 변호사는 말이야, 사실 이승 세계에서는 변호사로 성공하지 못했어. 그래서 사무실 얻는 데 빌린 돈을 갚지 못해 급히 쫓기다가 교통사고를 당해 이곳에 오게 되었지. 하지만 이곳에서도 나는 진실을 밝히는 변호사의 임무를 충실히 하며 살고 있지. 오직 진실만을 변호하는 변호사 오진실. 얼마나 멋져!

하지만 억세게 운이 없나 봐. 개업한 지 오래인데 아직 파리만 날리는 건 이승이나 여기나 매한가지야. '유명한 변호사', '나승리 변호사' 사무실에는 매일 의뢰인이 넘치는데 나는 이게 뭐람? 영혼들도 진실을 밝히는 데 별 관심이 없나 봐. 아이고, 어제처럼 아무런 소득

없이 퇴근하게 생겼군.

'똑, 똑, 똑.'

어라? 퇴근 시간이 다 되었는데 웬 노크 소리? 문을 열고 들어오는 이 사내는 누구?

"나는 대소왕이오."

대소왕? 그게 누구지? 복장을 보아하니 고구려 사람 같기도 하고…….

도무지 역사 공부를 했어야 말이지. 텔레비전 사극이라도 좀 볼걸 그랬나? 역사공화국에 와서까지 고생이네.

"부여의 임금, 대소왕을 모른단 말이오?"

"충남 부여에도 임금이 있었나요? 뭐, 대단하지도 않은 지방 소국의 임금이었던 모양이로군요."

그 순간 눈앞에 불똥이 튀었다. 거참, 의뢰인에게 이렇게 폭행을 당하다니 이거 그냥 있을 수 없잖아. 아니, 그런데 대소왕은 저 앞자리에 있는데…… 그럼 누가?

이제 보니 저 잘난 체하기로 유명한 이대로 변호사가 법전으로 내 머리를 친 거잖아! 언제 들어온 거지?

"오진실, 공부 좀 해라. 변호사는 어떻게 되었니?"

으…… 이대로, 저 나쁜 자식. 내가 진실을 밝히는 데 늘 방해가 되는 녀석. 백과사전을 다 외웠다고 자랑하는 녀석. 하지만 백과사전에 기록된 것만이 모두 진실은 아니거든? 이대로, 너는 나의 영원한 맞수!

"오진실 변호사, 나는 당신에게 나의 억울함을 호소하러 왔소. 부디 한국사법정에서 나를 변호해 주시오."

뭐가 억울하다고 나를 찾아왔지? 참 별일이라고 생각하며 돌아서려는데 이대로 변호사가 나를 자극했다.

"오진실, 너 부여가 어떤 나라인지 잘 모르지?"

"뭐, 내가 고시 공부하느라고 역사 공부에는 좀 소홀했지. 요즘 고시에는 한국사 시험도 빠졌잖아."

"어이구, 그래서 너 같은 무식한 변호사가 탄생한 것이로군. 누가 한국사 시험을 뺀 거야? 너, 부여가 고구려와 백제의 조상이 되는 나라라는 것은 알기나 해?"

"아! 드라마 〈주몽〉하고, 〈바람의 나라〉에서 부여 대소왕이 악역으로 등장했었지? 그래, 기억난다."

나의 무식함이 드러나서 얼굴이 좀 붉어지려는 순간 대소왕이 나를 바라보았다.

"내가 잘 찾아왔군요. 그래, 내가 왜 추모 녀석보다 덜 유명한 것이오? 내가 왜 부여의 못난 왕자로만 기억되는 것이오? 나는 부여의 전성시대를 열었던 임금이란 말이오. 그러니 나를 변호해 주시오."

오호라. 그러니까 명예 회복을 위한 소송이란 말이로군.

"오진실 변호사, 그대도 역사 공부를 좀 해 보면 알 것이오. 고구려를 세운 주몽, 즉 추모와 그 자식들이 부여 역사를 왜곡하여 마치 부여는 고구려의 속국이고 나는 나쁜 놈인 양 만들어 놓았소. 그러니 내가 소송을 하지 않을 수 있겠소?"

"그러니까 추모왕과 여러 고구려 임금들을 명예 훼손 혐의로 법정에 세우고 싶다는 말이로군요."

그래! 곰곰이 생각해 보니 고구려 건국 초기에는 부여가 훨씬 강대국이었다는데, 부여가 고구려의 속국이었다니 이건 뭔가 말이 안 되잖아. 뭔가 사연이 깊어. 그래, 기록된 역사만이 진실은 아니지. 역사가 잘못 전해졌다면 내가 진실을 밝혀 주어야지. 오진실, 진실을 찾아라! 그것이 내 임무가 아니겠어?

부여와 고구려

　부여는 고조선이 멸망하기 전에 세워져 약 700년 동안 있었던 나라
입니다. 부여가 역사에 등장한 이후에 고구려, 동예, 옥저, 삼한 등이
생겨났지요. 이 시기는 역사적으로 아주 오래전에 해당하기 때문에 기
록이나 유물 등을 쉽게 찾아볼 수 없어요. 다행히 중국의 역사책인『삼
국지』'위서동이전'에 이 나라들에 대한 기록이 남아 있어 그 내용을
토대로 당시의 생활을 어렴풋이나마 짐작해 볼 수 있습니다.

　부여의 시조는 동명으로 부여 북쪽 탁리국 왕의 시녀가 낳은 알에
서 태어났다고 전해집니다. 동명은 어려서부터 활을 무척 잘 쏘았는
데, 자신을 시기하는 사람들을 피해 남쪽으로 내려와 부여를 세웠다고
하지요. 그런데 이러한 부여의 건국 신화는 고구려 주몽의 건국 신화
와 아주 유사합니다.

　고구려의 시조인 주몽 즉 추모는 부여에서 태어난 사람이었습니다.
부여 왕인 금와왕이 우발수 연못가로 행차를 갔다가 강의 신인 하백의
딸 유화 부인을 만나 궁궐로 데려왔다고 합니다. 이 유화 부인이 낳은
사람이 바로 고구려 시조인 추모왕이지요. 추모는 어렸을 때부터 부여
의 궁궐에서 자라게 되었는데요. 금와왕의 아들이자 금와왕에 이어 부

여의 왕이 될 대소로서는 추모의 존재가 불편할 수밖에 없었습니다. 결국 추모는 대소를 피해 부여를 떠나 고구려를 세우게 됩니다.

이처럼 부여와 고구려는 지리적으로 가까웠을 뿐만 아니라 건국 신화는 물론 시조의 태생에 이르기까지 아주 인연이 깊은 나라랍니다.

| 원고 | 대소왕 | 대리인 | 오진실 변호사 |
| 피고 | 추모왕 | 대리인 | 이대로 변호사 |

청구 내용

부여의 왕자로 반듯이 자란 나는 부여의 왕이 되어 부여를 만주 일대에서 최강의 나라로 키웠습니다. 그런데 역사는 부여에서 탈출하여 작은 나라 고구려를 세운 추모왕만을 위대한 영웅이라고 추켜세우고 고구려 역사만 중요하게 가르치고 있습니다.

부여는 고조선 다음으로 우리 역사에 등장하여 700년 이상의 오랜 역사를 가진 나라입니다. 또 고구려와 백제의 조상이 되는 나라이며, 기원 전후 시기 우리 겨레의 나라들 가운데 최강이었습니다. 그럼에도 교과서에서는 부여에 대해 제대로 언급조차 하지 않습니다.

뿐만 아니라 부여의 위대한 왕인 나를 추모왕을 괴롭힌 못된 임금으로 묘사하고 텔레비전 드라마 등에서 악당으로 표현하는 것을 보고 분노를 참지 못하여 결국 소송을 제기하게 되었습니다.

추모왕은 어디까지나 부여의 배신자에 불과합니다. 그런데 뒷날 고구려는 부여보다 오래 존속했다는 이유로 감히 부여의 건국 신화를 훔쳐 가 추모를 위대한 영웅으로 만드는 한편 부여 역사를 왜곡하고 감추고자 했습니다. 이에 나는 추모왕과 그의 후손들에게 부여와 나 대소왕에 대한 명예 훼손 책임을 묻고자 하며, 피고 측의 반성이 없을 시

공문서 위조죄로 형사 재판도 치를 예정입니다.

　부여 역사가 올바로 자리매김하길 바라며, 공정한 역사적 평가를 통해 저 역시 '주인공'들의 역사 속으로 걸어가고자 합니다.

입증 자료

- 중학교 역사 교과서
- 텔레비전 드라마 〈주몽〉
- 한국 역사학계의 논문과 저서들
  그 외 자료 추후 제출하겠음.

위 청구인 대소왕

역사공화국 한국사법정 귀중

나, 금와왕이
태백산 남쪽에서
유화 부인을 만나
그녀를 부여의
궁궐로 데려왔지.

유화 부인이 낳은
추모가 자라
나, 대소의 라이벌이
되었지요.

대소는 왜 추모를 괴롭혔을까?

1. 추모는 부여의 은혜도 모르는 반역자였을까?
2. 능력 있는 추모가 부여의 골칫거리였을까?
3. 추모왕의 아버지는 누구일까?

교과 연계

역사
Ⅰ. 우리 나라 역사의 시작
  2. 국가의 성립
    (3) 여러 나라의 정치와 사회 풍속은
       어떠하였는가?
       ─여러 나라의 등장

1

추모는 부여의 은혜도 모르는 반역자였을까?

"추모왕이 명예 훼손 혐의로 소송을 당했다네. 이게 말이나 되냐?
추모왕은 고구려 사람들이 신으로까지 모신 위대한 영웅이잖아. 그
가 뭘 어쨌다고 소송을 당해! 누가 소송을 제기한 거래?"

"누구긴 누구겠어? 부여 대소왕이지. 살아서도 그렇게 추모왕을
미워하더니, 그 버릇은 영혼이 되어서도 그대로구먼."

"왜 이래, 대소왕도 부여의 영웅이었단 말이야. 그런데 사람들이
몰라주니 억울하지 않겠어?"

"대소왕이 부여의 영웅이라고? 허, 지나가던 개가 웃겠다."

"자자! 조용히 하세요! 곧 판사님이 들어오십니다."

검은색 법복을 입은 판사가 들어와 법정 한가운데 있는 높은 의자
에 앉았다. 이어 배심원과 방청객들도 자리에 앉았다. 법정을 획 둘

왜 부여 대소왕은 억울하다고 할까?

러보던 판사는 대소왕과 추모왕을 번갈아 살펴보더니 곧 눈을 내리깔고 소장을 읽었다. 잠시 침묵이 흐른 후 판사가 입을 열었다.

판사 오진실 변호사, 오늘은 무슨 진실을 밝히려고 소송을 제기한 것입니까?

오진실 변호사 존경하는 판사님, 이번 사건은 부여와 고구려 두 나라 간에 얽힌 역사의 진실을 밝히는 소송입니다. 고구려를 건국한 피고 추모왕은 부여에서 성장해 남쪽으로 내려가 고구려를 건국했습니다. 피고는 당대 고구려 사람은 물론, 후세에도 영웅으로 대접받고 있지요. 피고는 주몽, 즉 '활을 잘 쏘는 자'라는 칭호와 함께 '동명왕'이라는 칭호도 듣습니다. 지금은 역사공화국의 영웅 마을에 거주하고 있습니다.

하지만 피고의 진실을 밝히다 보면 그의 영웅 만들기에 희생된 부여의 역사와 대소왕을 만나게 될 것입니다. 원고인 대소왕은 피고와 피고의 후손들이 자신의 명예를 훼손했다고 소송을 제기했는데요. 원고 측 변호인인 저 오진실은 피고가 원고를 고의적으로 못된 임금으로 왜곡했을 뿐 아니라, 성스러운 부여의 시조인 동명왕의 이름까지 함부로 자신에게 덧씌워 사용한 파렴치한이라고 감히 주장하는 바입니다. 존경하는 판사님, 역사는 승자의 기록이라고 하지만 승자의 영광 속에 가려진 패자의 억울함을 결코 잊어서는 안 됩니다. 비록 부여가 고구려보다 먼저 멸망하기는 했지만 후손들이 부여 역사에 대해 제대로 배우지 못한 것은 모두 고구려 때문이었다는 사실을

이번 재판을 통해 분명히 밝혀 주셨으면 합니다.

　오진실 변호사가 대소왕이 소송을 제기한 이유를 설명하자 법정은 순간 소란스러워졌다. 오진실 변호사가 말한 이유가 너무도 놀라웠기 때문이다. 방청객들은 삼삼오오 숙덕거렸다.

　"아니, 뭐라고 하는 거야? 추모왕이 파렴치범이라고? 그게 말이나 되나?"

　"오진실 변호사, 저 사람 제정신이야? 말도 안 되는 소릴 하고 있잖아."

판사　방청석에 계신 여러분, 조용히 해 주세요. 신성한 한국사법정에서 떠드시면 안 됩니다. '법정 소란죄'가 있음을 기억하시기 바랍니다.

　판사가 강경하게 말하자 방청객들은 입을 삐죽거렸다. '자기가 판사면 다냐'라는 불만 어린 표정들이었다.

판사　원고 측 변호인의 소송 청구 이유는 잘 들었습니다. 핵심만 잘 요약해서 말해 주셨네요. 좋습니다. 그럼 원고인 대소왕에게 발언 기회를 드리겠습니다. 명예 훼손으로 소송을 제기했으니 본인의 명예가 어떻게 훼손되었는지를 구체적으로 분명하게 말해야 합니다. 스스로 말할 자신이 없다면 변호인이 대신해도 좋습니다.

방청객과 배심원 모두 시선을 일제히 대소왕에게 돌렸다. 풍채가 좋고 서글서글한 인상이지만 눈매만큼은 날카로웠다. 대소왕이 자리에서 일어나자 방청객들이 야유를 보냈다.

대소왕　　나는 기원전 60년경에 부여의 첫째 왕자로 태어났습니다. 아버지는 금와왕이며 어머니도 명문 귀족의 딸로, 나야말로 부여의 순수 혈통을 타고난 '명품 왕자'라고 할 수 있습니다. 아래로 동생이 여섯 명이나 되지만 모두 형인 나의 말을 잘 따랐으니 나는 당연히 부여의 왕이 될 운명이었습니다. 그런데 내 인생에 걸림돌이 생겼습니다. 그게 바로 저 못된 추모 녀석입니다. 저 녀석은 아버지가 누군지도 모르는 '짝퉁 왕자'입니다!

이대로 변호사　　판사님, 이의 있습니다. 원고가 피고에게 녀석이라는 상스러운 말을 쓰도록 허용해서는 안 된다고 봅니다. 그리고 누가 '명품'이고 누가 '짝퉁'이란 말입니까?

판사　　인정합니다. 원고, 원고는 신성한 법정에서 언행을 조심하시기 바랍니다. 상대를 직접 비난하는 말은 삼가 주세요.

대소왕　　내가 실수했습니다. 나와 추모는 어린 시절을 함께 보냈기 때문에 그때 말버릇이 남아 있어서 그랬습니다. 죄송합니다. 하지만 분명한 점은 추모는 진정한 왕자가 아니라는 것입니다. 그 이유는 이번 재판에서 그의 아버지를 밝히다 보면 자연스레 알게 될 것입니다. 추모는 내게 당연히 돌아올 부여의 왕위를 넘보았을 뿐만 아니라 오이, 마리, 협부 등과 짜고 반란을 꾀했습니다. 그러다가 나

나, 대소야말로 부여의 정통성을 이어받은 '명품 왕자'란 말이오.

에게 들키자 서둘러 부여를 탈출했습니다. 피고는 부여에서 입은 은혜를 잊고 부여를 배신했던 것입니다.

판사 피고가 부여에서 입은 은혜라고 했는데 구체적으로 어떤 것인지, 원고 측 변호인이 말씀해 주시지요.

오진실 변호사 이 부분은 피고의 어머니인 유화 부인과 원고의 아버지인 금와왕이 증인으로 나와 있으니 증인 신문에서 자세히 밝혀질 것입니다. 그러니 저는 간략하게 말씀드리도록 하겠습니다. 먼저 피고는 부여 금와왕의 아들이 아님에도 왕자 대접을 받으며 호화로운 삶을 살았습니다. 이것이야말로 부여의 은혜를 엄청나게 받은 것 아니겠습니까? 그럼에도 피고는 만족하지 못하고 더 욕심을 내 감히 왕이 되고자 했습니다. 결국 피고는 부여에서 많은 사람을 이끌고 탈출하여 고구려를 세웠지요. 그리고 피고가 세운 고구려로 인해 부여가 멸망했으니, 피고는 부여를 배신한 것이 아니겠습니까?

판사 그렇다면 피고인 추모왕이 고구려를 건국한 위대한 '도전 정신의 상징'이고 뛰어난 '건국 영웅'이라는 지금까지의 역사적 평가에 문제가 있다는 이야기로군요. 좋습니다. 그렇다면 이제 피고 측 이야기를 들어 보도록 하겠습니다. 피고 측 변호인, 말씀하세요.

이대로 변호사 존경하는 판사님, 배심원 여러분, 그리고 이번 재판에 참석해 주신 방청객 여러분, 원고 측 변호인 이대로입니다. 언제나 높은 승률을 자랑하는 역사공화국 최고의 변호사, 백과사전을 모조리 외우는 변호사 이대로입니다. 멍청한 변호사에게 소송을 의뢰하는 바보짓 마시고 123-4567로 언제 어디서든 소송을 의뢰해 주십시오.

이대로 변호사의 말에 방청객들이 얼굴을 찌푸리고 오진실 변호사도 얼굴이 붉으락푸르락해졌다. 며칠 전 자신을 바보라고 놀리던 일이 떠올라, 판사에게 항의하려는 찰나에 판사가 먼저 주의를 주었다.

판사 이대로 변호사, 아무리 자기 홍보 시대라지만 때와 장소는 좀 가리세요. 여기가 무슨 시장 바닥입니까? 경고합니다. 사건의 요

점만 말하세요. 한 번만 더 엉뚱한 소리를 하면 발언권을 제한하겠습니다.

이대로 변호사　존경하는 판사님, 저는 원고 측 변호인인 오진실 변호사에 대해 먼저 이야기하고자 합니다. 제가 며칠 전에 우연히 오진실 변호사 사무실에 들렀다가 오진실 변호사가 소송 의뢰인과 대화하는 것을 들었는데요, 오진실 변호사는 원고 대소왕이 어떤 사람인지도 제대로 모르고 있었습니다. 그런데 불과 며칠 사이에 이런 소송을 제기한다는 것 자체가 우스운 일 아니겠습니까?

판사　그게 뭐 어떻단 말씀인가요? 변호사가 의뢰인에 대해 처음부터 알아야 하는 건 아니잖습니까?

이대로 변호사　이 말씀을 먼저 드리는 것은, 역사의 진실이란 많은 사람이 공감할 수 있어야 한다는 것입니다. 원고 측 변호인이 알지 못하던 이야기를 단지 소송 의뢰인의 의견만 듣고 느닷없이 진실을 밝히겠다고 나서는 것이 얼마나 허망한 일인지 말씀드리는 것입니다.

판사　그럼 이대로 변호사는 자신의 의뢰인에 대해 처음부터 잘 알고 있었다는 말인가요?

이대로 변호사　그렇습니다. 추모왕이 얼마나 유명한지는 그가 죽은 지 1000년이 지난 고려 중기에 이규보가 쓴 『동국이상국집』에 실린 대서사시 「동명왕편」에 잘 나타나 있습니다.

고려 시대에는 배움이 부족한 미천한 사람들까지도 고구려의 시조 추모왕에 관한 일화를 얘기할 수 있을 정도로 잘 알았다고 하고요. 뿐만 아니라 조선 시대에 와서도 세종 대왕을 비롯한 여러 왕들이 추모왕의 사당에 제사를 지냈습니다. ▶물론 현재까지도 한국에서는 추모왕이 고구려를 건국한 위대한 영웅으로 존경받고 있지요. 무려 2000여 년 동안 헤아릴 수 없을 정도로 많은 사람이 믿어 왔던 진실을 단지 원고의 말만 듣고 하루아침에 거짓이라고 주장하는 것은 신성한 한국사법정을 모독하는 일입니다.

이대로 변호사가 능숙하게 말하자 방청석에서는 작게 손뼉을 치는 소리가 들렸다.

"역시 이대로 변호사, 말 한번 똑 부러지게 하는군. 그럼 그렇지. 하루아침에 진실이 바뀔 수가 있나. 추모왕이 괜히 영웅 마을에 살고 있겠어? 다 그만한 이유가 있는 거지."

방청석에서 웅성거리는 소리가 나자 판사가 방청석을 향해 말했다.

교과서에는

▶ 『삼국사기』에 따르면 기원전 37년, 주몽은 부여에서 지배 계급 간에 분열이 일어나고 대소왕이 자신을 박해하자 남하해 독자적으로 고구려를 건국했다고 합니다. 고구려는 압록강 유역의 졸본 지역에 자리를 잡았습니다.

판사 조용히 해 주세요. 원고가 법정을 모독했는지는 차차 밝혀 보기로 하겠습니다. 피고 추모왕은 이번 소송의 당사자로서 자신의 뜻을 밝혀 주시기 바랍니다.

추모왕 존경하는 판사님, 배심원 여러분, 이 자리에 참석하신 모든 방청객 여러분, 먼저 죄송한 말씀을 올려야겠네요. 나는 세상에 알려진 것처럼 한 점 부끄럼 없이 살아온 사람은 아닙니다. 저 앞에 계시는 대소 형님과 나의 관계는 참으로 복잡하지요. 그것에 대해서는 재판 과정에서 차츰 밝혀지겠지만, 미리 말씀드리고자 하는 것은 나에 대한 긍정적인 이미지 중에는 나를 사랑하고 존경한 후손들이 만든 게 많다는 것입니다. 그래서 내게 과분한 칭호도 붙여 주었고요. 그것이 원고 측 주장처럼 죄가 된다면 달게 처벌을 받겠습니다. 하지만 내가 의도적으로 원고 측에게 피해를 준 게 아니라는 점만큼은 이 자리에서 분명히 밝히고자 합니다.

미필적 고의
자기의 행위로 인해 어떤 범죄 결과가 발생할 가능성이 있음을 알면서도 그 행위를 행하는 심리 상태를 말하지요.

추모왕의 발언이 끝나자 오진실 변호사가 벌떡 일어나 소리쳤다.

오진실 변호사　피고는 지금 교묘한 발언으로 스스로를 변호하고 있군요. 겉으로는 우리 주장에 일리가 있다고 인정하는 척하면서 실은 자신이 죄가 없다는 것을 확실히 하고 있네요. 피고, 신성한 법정에서 거짓말을 하면 피고의 죄가 더욱 가중된다는 것을 잊어서는 안 될 것입니다.

오진실 변호사가 날카롭게 쏘아붙이자 이대로 변호사도 일어나 맞고함을 쳤다.

이대로 변호사　판사님, 피고는 거짓말을 하지 않았습니다. 원고 측 변호인의 주장과 달리 자신이 죄가 없음을 분명히 밝혔을 뿐입니다.
오진실 변호사　피고는 지금 **미필적 고의**에 의한 범죄 행위를 시인

했던 것입니다. 자신을 높이는 과정에서 부여 역사가 왜곡될 수 있음을 피고는 알고 있었습니다. 그리고 무엇보다 피고 스스로 원고에게 해를 끼쳤다고 말하고 있는데 어째서 피고 측 변호인은 피고에게 죄가 없다고 하는지 모르겠네요.

두 사람의 목소리가 높아지자 판사가 중재에 나섰다.

판사　두 변호인은 자리에 앉아 주세요. 아직 재판이 제대로 시작되지도 않았는데 서로 말꼬투리를 잡고 다투기나 하고. 이건 두 분의 품위에 어울리는 일이 아닙니다. 진정하시기 바랍니다.

원고 측 변호인, 원고 측에서는 피고가 부여의 반역자임을 입증하기 위해 증인 '협부'를 신청하셨는데, 협부라면 오이, 마리, 협부로 드라마 〈주몽〉에서 '오마협 3형제'로 나온 세 사람 가운데 한 명이 아닌가요? 세 사람 가운데 굳이 협부만을 증인으로 신청한 이유는 무엇입니까?

오진실 변호사　존경하는 판사님, 증인은 공정한 입장에서 진실만을 말해야 하지 않습니까? 오이, 마리, 협부 세 사람은 피고와 함께 부여를 탈출해 고구려를 건국하는 데 큰 공을 세웠습니다. 이들은 피고의 강력한 지지자로 고구려에서 부귀영화를 누렸고, 피고가 죽자 피고의 아들인 유리왕 시대에도 높은 관직을 차지하고 거듭 공을 세웠습니다. 그런데 유독 협부만은 유리왕과 사이가 나빠져 고구려를 떠났습니다. 따라서 그는 피고에 대해 공정하게 증언할 수 있다

고구려의 두 번째 수도의 산성인 환도산성 성벽(왼쪽). 고구려의 두 번째 수도의 평지성인 국내성 성벽. 고구려는 국내성 즉 지금의 지안 시 일대에서 크게 번영했습니다.

고 봅니다.

판사 좋습니다. 증인은 나와서 증인 선서를 해 주세요.

협부 저는 진실만을 말할 것을 이 자리에서 선서합니다.

오진실 변호사 증인에게 묻겠습니다. 증인은 고구려에서 대보라는 높은 관직에 있다가 유리왕 22년에 고구려를 떠나 남쪽의 삼한 땅으로 갔습니다. 고구려를 떠난 이유는 무엇입니까?

협부 유리왕은 국내성으로 도읍을 옮긴 후 나라를 제대로 다스리지 않고 사냥만 하며 놀았습니다. 그가 장남인 도절을 잃고 마음이 크게 상한 것은 알지만 왕이란 일반 백성과는 달라야 합니다. 그래서 제가 마음을 잡고 정치를 바로 하시도록 바른말을 좀 했는데, 왕은 저에게 크게 화를 냈습니다. 그러고는 직위를 모두 박탈하고 궁궐 정원의

도절
기원전 6년(유리왕 14년) 부여 대소왕이 고구려에 사신을 보내 양국이 볼모를 교환하고 수교를 맺을 것을 제안하자 유리왕은 이를 받아들여 도절을 인질로 보내고자 하였습니다. 그러나 도절은 부여에 가는 것을 두려워하여 가지 않았지요. 이에 대한 보복으로 부여 대소왕은 그해 겨울 군대를 이끌고 내려와 고구려를 공격합니다. 그러나 눈이 많이 내려 그만 후퇴하고 말았지요.

사무를 보는 낮은 직위를 맡으라고 하더군요. 제가 어찌 가만히 있을 수 있겠습니까? 저는 바르지 못한 왕을 모실 수 없었습니다.

판사 증인은 불의를 보면 참지 못하시는군요. 좋습니다. 법정에서도 진실만을 말해 주시길 바랍니다.

오진실 변호사 증인은 추모왕과 함께 부여에서 살고 있었는데 무슨 일 때문에 부여를 떠나게 된 것인가요?

협부 추모 님은 저의 친구요, 스승이었습니다. 저는 추모 님이 한 나라의 왕이 될 자질이 충분히 있다고 믿었지요. 그래서 오이, 마리와 함께 추모 님이 부여에서 왕이 되었으면 하는 희망을 품었지만 그 희망은 실현될 수 없었습니다. 그러니 떠나게 된 것이지요.

오진실 변호사 증인, 부여를 떠날 때의 상황을 좀 더 자세히 말씀해 주시겠습니까? 아내인 예씨 부인마저 두고 떠날 만큼 피고와 증인 일행은 너무도 급하게 부여를 떠나지 않았습니까?

협부 추모 님은 저기 계시는 대소 왕자에게 감시를 받고 있었습니다. 추모 님은 왕실 목장에서 말을 관리하면서 자신의 신세를 한탄하다가 부여를 탈출할 계획을 세웠습니다. 마침 대소 왕자의 감시가 갈수록 심해지자 계획을 앞당겨 서둘러 떠나게 된 것입니다.

오진실 변호사 증인에게 묻겠습니다. 피고는 평소에 자신이 북부여 천제의 아들이라며, 남의 말을 먹이는 것은 죽음만도 못한 노릇이니 남쪽으로 가서 나라를 세우고 싶다고 했다는데 사실입니까?

협부 네, 사실입니다. 들은 바 있습니다.

오진실 변호사 그렇다면 피고는 부여에서 왕의 자리를 빼앗기 위

왜 부여 대소왕은 억울하다고 할까?

한 역모를 꾸미고자 한 것은 아닙니까?

협부　역모라면 금와왕을 몰아내고 부여 정권을 탈취하는 것이지만, 우리는 그런 일을 생각하지 않았습니다. 다만, 추모 님을 사랑하는 모임으로 '추사모'를 만들고 활동했을 뿐인데, 그것을 위협적으로 생각한 사람들이 우리를 역모로 몰아갔던 것입니다. '추사모'는 요즘 사람들이 특정 정치인을 지지하여 단체를 만들듯 추모 님을 사랑하는 단체였습니다.

오진실 변호사　피고가 역모를 꾸몄다는 주장에 대해서는 인정하지 않으시는군요.

유도 신문
질문하는 자에게 유리하도록 특정 내용의 답변을 암시하면서 질문하는 것을 말해요.

협부   저는 능력 있고 미래가 밝았던 추모 님이 대소 왕자에게 쫓기고 있으니까, 그분이 떠나자고 했을 때 함께 떠났을 뿐입니다.

오진실 변호사   그럼 '추사모'는 부여에서 어떤 활동을 했습니까?

협부   오이, 마리와 함께 추모 님이 장차 큰일을 하실 수 있도록 그분을 지지하는 활동을 했습니다. 평소에는 왕실 마구간에 가서 추모 님의 일을 도왔고 차츰 정치 자금도 마련했지요. 그때 모은 자금이 부여를 탈출할 때 요긴하게 쓰이긴 했습니다.

오진실 변호사   그렇다면 '추사모'는 부여에서 피고의 정치적 지지 세력 확대를 목표로 움직였던 것이로군요. 그것은 결국 원고를 제치고 피고를 부여의 왕으로 만들자는 것 아니었습니까? 그것은 곧 부여 왕실의 정통성을 부정하고 왕을 갈아치우자는 반란을 꿈꾼 것이 아닙니까!

협부   반란이라니요! 우리는 부여 체제를 부정하거나 금와왕을 부정한 적은 없습니다. 그래서 부여에 남은 추모 님의 어머니 유화 부인과 아내인 예씨가 살아남을 수 있었던 것입니다. 만약 추사모가 반란 집단이었다면 금와왕이 아무리 유화 부인을 사랑했다고 하더라도 그냥 놔둘 수는 없었을 것입니다.

이대로 변호사   판사님, 이의 있습니다. 원고 측 변호인은 증인에게 유도 신문을 해 피고를 죄인으로 몰아가고 있습니다. 더 이상 이를 허용해서는 안 될 것입니다.

판사　받아들입니다. 오진실 변호사, 증인에게 유도 신문을 해서는 안 된다는 것을 잘 알고 있지 않습니까? 주의해 주시기 바랍니다.

오진실 변호사　판사님, 증인에게 한 가지만 더 묻겠습니다. 증인은 피고가 왕이 되고자 하는 위험한 생각을 하고 있음을 알고도 왜 말리지 않았던 것입니까?

협부　변호사님, 당시에는 활쏘기 실력으로 사람의 재주를 확인할 수 있었습니다. 그러니 '주몽' 칭호를 받은 추모 님이야말로 왕이 될 자질이 충분하다고 확신하였지요.

오진실 변호사　피고에 대한 충성심이 여전하시군요. 이상으로 증인 신문을 마치도록 하겠습니다.

판사　증인은 자리로 돌아가셔도 좋습니다.

부여의 역사

연도	내용
기원전 3~2세기	탁리국에서 탈출한 동명왕이 남쪽으로 내려와 지린 시 일대에 부여 건국
기원전 1세기	해부루의 후계자로 금와왕 즉위
기원전 37년	추모가 부여에서 탈출, 고구려 건국
기원후 13년	부여가 고구려를 공격
22년	부여와 고구려 전투. 대소왕이 죽고 대소왕의 동생이 갈사국 건립
49년	후한에 사신 파견
111년	후한의 낙랑군을 공격
121년	고구려 태조 대왕이 부여에 와서 유화 부인 묘에 참배하고 돌아감
122년	고구려가 후한의 현도군을 공격하자 부여 왕 위구태가 후한을 도와 고구려 물리침
136년	위구태가 후한을 방문해 융숭한 대접을 받고 돌아와 중국 문화 받아들임
167년	부여 왕 부태가 현도군을 공격
244년	우가가 왕을 능가하는 권력을 휘두르며 고구려를 공격하는 위나라에 군량 지원
285년	모용 선비족의 침략. 부여 의려왕이 자살하고 왕실이 북옥저로 피난
286년	의라왕이 즉위하여 진나라의 도움으로 모용 선비족을 격퇴하고 부여를 재건
346년	모용 선비족의 침략. 포로 5만 명이 끌려가고 현왕이 납치당함
410년	고구려 광개토대왕이 동부여 정벌
457년	북위에 사신 파견
494년	물길의 압박을 견디지 못한 부여 왕이 백성들을 이끌고 고구려에 항복하면서 멸망

능력 있는 추모가
부여의 골칫거리였을까?

오진실 변호사　판사님, 피고는 원고 대소왕이 자신을 괴롭힌 나쁜 자였다고 주장하여 원고의 명예를 손상하였습니다. 하지만 저는 원고가 결코 나쁘지 않았으며 피고야말로 부여의 골칫거리였음을 입증하고자 합니다. 이에 대해 증언할 수 있는 증인을 불러 주십시오.

판사　피고가 부여의 골칫거리였다고요? 흥미롭군요. 증인은 누구입니까?

오진실 변호사　부여의 왕이었던 금와왕입니다.

이대로 변호사　판사님, 이의 있습니다.

판사　뭔가요?

이대로 변호사　증인 금와왕은 원고 대소왕의 아버지입니다. 아들을 위해 원고에게 일방적으로 유리한 증언을 할 것이 예상됩니다.

따라서 증인의 증언은 객관성이 떨어질 수 있으니 이 점 참고해 주십시오.

오진실 변호사　그렇지 않습니다. 당시 상황을 가장 잘 아는 사람은 금와왕뿐입니다.

판사　피고의 어린 시절을 증언해 줄 적당한 증인이 없는 이상 증인 금와왕의 증언을 듣도록 하되, 피고 측 변호인이 이의 신청한 내용을 참고하여 판단하도록 하겠습니다.

이대로 변호사　판사님, 그렇다면 저희가 신청한 피고의 어머니 유화 부인에 대한 증인 신문도 곧바로 진행할 수 있도록 허락해 주십시오.

판사　좋습니다. 먼저 금와왕에 대한 증인 신문이 끝난 후에 유화 부인에 대한 증인 신문을 진행할 것이니 준비하시기 바랍니다. 증인석에 금와왕이 나와 주셨군요. 증인은 증인 선서를 해 주십시오.

금와왕　나 금와왕은 오직 진실만을 말할 것이며 거짓을 말할 때는 위증죄로 어떠한 처벌이라도 달게 받겠소.

오진실 변호사　증인, 증인은 피고의 어머니가 피고를 임신했을 때부터 피고가 성장하여 부여를 떠나는 과정까지 모두 지켜보신 것으로 압니다. 피고의 탄생부터 성장 과정까지 자세히 말씀해 주시겠습니까?

금와왕　일단 유화를 처음 만난 상황부터 말씀드려야겠군요. ▶난 왕이 된 지 얼마 되지 않아 우발수 연못가로 행

교과서에는

▶ 고구려 추모왕의 출신에 관하여 "고구려의 시조 동명성 왕은 성이 고씨이며 이름은 주몽이다…… 부여의 금와왕이 태백산 남쪽에서 물의 신인 하백의 딸 유화를 만나게 되었는지라…… 금와왕이 그녀를 데리고 와 방에 두었는데 햇빛이 따라와 비추었다. 이로 인하여 그녀는 잉태하게 되었고 마침내 알 하나를 낳았는데 한 사내 아이가 껍데기를 깨고 나왔다"라고 전하고 있습니다.

왜 부여 대소왕은 억울하다고 할까?

차하다가 그곳에서 유화를 만났지요. 그녀에게 흠뻑 빠진 나는 그녀를 궁궐로 데려와 살게 했어요. 그런데 유화는 이미 임신 중이었고 그때 낳은 자식이 추모요.

오진실 변호사　　그렇다면 추모는 증인의 친자식이 아닌데도 왕자로 받아들인 것이군요.

금와왕　　그렇소. 내가 유화를 사랑했기 때문에 그녀의 자식을 내 아들과 똑같이 사랑해 준 것이오.

이대로 변호사   판사님, 잠시 제가 증인에게 질문해도 되겠습니까?

판사   지금 꼭 해야 하는 질문이라면 허락하겠습니다.

이대로 변호사   감사합니다. 증인은 지금 추모를 친자식처럼 사랑했다고 하셨는데, 그렇다면 어찌 어린 추모를 개와 돼지, 소와 말에게 던져 버리셨단 말입니까?

금와왕   허허. 이대로 변호사가 『삼국사기』랑 『동국이상국집』의 「동명왕편」을 읽은 모양이오. 역시 똑똑하긴 한데 헛똑똑이오. 이보시오, 그렇게 문자 그대로 역사를 해석한다면 추모가 알에서 태어났다는 기록도 그대로 믿을 테요? 들어 봐요. 내가 그 얘기가 대체 무슨 얘긴지 설명해 주겠소. ▶부여는 '마가', '우가', '구가', '저가' 등의 부족장이 사출도라고 불리는 지방을 다스리는 연맹 국가였소. 그건 이대로 변호사도 알고 있겠지요?

"개와 돼지에게 주었으나 먹지 않았다"라는 표현은 개의 이름을 딴 '구가', 돼지의 이름을 딴 '저가'가 추모를 죽이지 않고 왕자로 인정했다는 말이오. "소와 말이 밟지 않고 피해 갔다"라는 말도 소의 이름을 딴 '우가', 말의 이름을 딴 '마가'가 추모를 보호했다는 말이고. 나는 부족장들에게 추모를 내 자식과 똑같이 키울 것임을 미리 알렸고 모두 실천에 옮긴 것이오. 그럼에도 내가 추모를 미워했다니 이렇게 섭섭할 데가 있겠소!

금와왕이 단호하게 대답하자 방청객들은 새로운 사실을 알게 되었다며 고개를 끄덕였다.

오진실 변호사　　그렇습니다. 조금 전 증인의 말처럼 책에 기록된 대로만 역사를 해석하면 안 됩니다. 하지만 지금도 기록된 것만을 앵무새처럼 반복하며 진실인 양 믿는 어리석은 자들이 많은 것은 참으로 안타까운 일입니다. 증인에게 하나 더 질문하겠습니다. 증인은 피고가 부여를 떠날 때 어떤 입장이셨나요?

이대로 변호사는 얼굴이 붉으락푸르락해지며 오진실 변호사를 째려보았다.

하지만 오진실 변호사는 협부에 대해 신문할 때 아쉬웠던 걸 풀기라도 한 듯 의기양양했다.

금와왕 추모는 재주가 뛰어났어요. 그러니 한 나라를 세울 수 있었지요. 그거야 뭐 다들 인정하는 것이지요. 나는 추모에게 재주를 좀 감추고 부여의 왕자로 편히 살라고 했어요. 하지만 그게 쉽지 않았던 모양이오. 어린 시절 함께 지내던 대소와 사이가 점점 더 멀어지더니만, 결국 친어머니인 유화와 아내인 예씨까지 버리고 떠나 버렸지요. 나는 추모가 잘했다고 보지는 않아요. 하지만 어찌하겠소? 그것도 추모의 운명인 것을……. 나는 대소에게 추모를 그만 쫓으라고 명했다오.

오진실 변호사 자식처럼 키우셨는데 무척 섭섭했다는 말씀이시군요.

금와왕 섭섭하지 않았다고는 말 못하지요.

판사 증인께 질문합니다. 피고가 그처럼 재주가 뛰어났다면 그를 후계자로 삼을 생각은 없었습니까?

금와왕 추모는 어디까지나 후궁의 아들이고 내 친아들도 아니지요. 게다가 내게는 대소를 비롯해 일곱 명의 자식이 있었소. 특히 대소는 내 뒤를 이어 부여를 더욱 강대국으로 만든 주인공 아니오? 그에게 왕위를 물려주는 것은 너무도 당연했지요.

오진실 변호사 증인께선 원고의 요청을 받아들여 피고를 마구간지기로 몰아내고 원고가 피고를 핍박하는 것을 그냥 두고 보셨는데, 그 이유는 무엇입니까?

금와왕 왕의 자리는 외로운 것이오. 왕은 나라의 안정을 무엇보다 중요하게 생각해야 하지요. 추모는 자신의 무리를 모아 힘을 키우고 있었소. 그런데 대소 역시 동생들의 지지를 받아 추모를 견제하고 있었던 거요. 만약 추모를 그대로 두었다면 부여에서 내분이 일어났을지도 모를 일이오. 그것만큼은 막아야 하지 않았겠소? 결과적으로 추모가 부여에서 밀려났다는 것은 그만큼 대소도 실력이 있었던 것이지요. 싸워 이긴 자가 왕이 될 수 있었으니까요! 만약 추모가 대소의 견제를 이겨냈다면 추모가 부여의 왕이 될 수도 있었겠지요. 하지만 그렇게 되려면 많은 사람이 죽임을 당하는 일이 벌어졌을 것이오. 추모가 제가 회의의 지지를 얻는다고 해도 결국에는 대소와 내란을 치를 수밖에 없었을 것이오. 나는 그것을 막고자 했던 거지요.

오진실 변호사　증인께서는 원고가 피고를 부여에서 쫓아낸 것을 당연하다고 보시는군요.

금와왕　당시 상황에서는 당연한 행동이라고 할 수 있지.

오진실 변호사　그러니까 피고는 당시 부여에서 골칫거리였던 것이고요.

금와왕　그래서 난 추모에게 늘 겸손하라고 말하고 조용히 살라고 가르쳤소. 하지만 어쩌겠소. 추모는 결국 왕이 될 자질을 타고난 것을…….

오진실 변호사　증언 감사드립니다. 이상으로 증인 금와왕에 대한 신문을 마칩니다. 증언의 내용을 종합해 보면, 원고는 피고가 부여의 골칫거리였기 때문에 피고를 부여에서 추방했던 것이고, 그러므로 원고의 행동은 부여의 왕자로서 정당했다는 것입니다. 따라서 원고를 단순히 질투의 화신이나 못된 왕자로 보는 것은 부당하다고 할

제가 회의
마가, 우가, 구가, 저가 등의 부족장들이 모여서 하던 회의로 이를 통해 부족장들은 왕의 정치를 견제할 수 있었습니다.

수 있습니다.

판사　원고 측 변호인, 수고했습니다. 그럼 이번에는 피고 측 변호인이 증인으로 신청한 유화 부인께서 증인석으로 나와 증언해 주시기 바랍니다.

　유화 부인이 증인으로 등장하자 금와왕의 얼굴에 곤혹스러운 표정이 역력했다.

판사　원고 측 증인 금와왕께서는 자리로 돌아가셔도 좋습니다. 그리고 유화 부인께서는 증인 선서를 해 주세요.

유화 부인　나는 진실만을 말할 것을 선서합니다.

이대로 변호사　증인에게 묻겠습니다. 증인은 자식인 피고에게 원고 측의 주장처럼 반역자가 되라고 가르치지는 않으셨지요? 어떻게 자식을 키우셨는지 증언해 주시기 바랍니다.

유화 부인　단연코 아들을 반역자로 키우는 부모는 없을 것입니다. 다만 나는 추모가 대소 형제들에게 첩의 자식이라는 놀림만은 받지 않기를 원했습니다. 그래서 아들에게 어려서부터 활쏘기를 가르쳤습니다. 요즘도 조기 교육이 열풍이지만, 나 역시 아들의 장래를 위해 일찍이 활쏘기 과외를 시켰어요. 요즘에야 영어를 잘하는 게 최고이지만 그때는 활쏘기가 가장 중요한 과목이었습니다. 나는 직접 활을 만들어 주고 훈련을 시켰지요. 추모가 활쏘기 능력 시험에서 당당히 수석을 차지해 '활쏘기의 최고수'라는 뜻의 '주몽'이라는 영

고구려 무용총 벽화의 활쏘기 장면

예로운 칭호를 받게 내가 도와 주었습니다.

이대로 변호사　결국 피고는 어머니의 조기 교육 덕분에 시험에서 수석을 할 수 있었단 말이군요.

유화 부인　그렇지요. 게다가 나는 아들을 위해 힘쓰기 체육 특강도 시켰고, 강에다 다리 놓기, 말타기, 검술과 창술, 부하들 거느리기, 곡식 키우기, 나라 세우기 등에 관한 다양한 학문도 가르쳤습니다. 그래서 고구려의 후손들은 나를 추모를 키운 '나라의 어머니'라 하여 부여신으로 섬기게 된 것이지요. 그러니까 자식 교육에 관해서는 앞서 갔다고 할 수 있습니다.

이대로 변호사　그러니까 증인은 '오늘날 열혈 어머니의 조상쯤이

다' 이 말씀이시군요. 그리고 이러한 교육의 결과 피고의 능력이 매우 출중해졌는데 이를 원고가 질투했다는 것이지요?

유화 부인 대소도 형제들 가운데서는 가장 뛰어났지만 활쏘기 능력 시험에서는 성적이 한참 떨어졌어요. 도저히 내 아들 추모와 비교가 안 됐지요. 그 후로 대소는 줄곧 추모를 질투하게 되었던 것입니다.

오진실 변호사 이의 있습니다, 판사님. 피고 측 증인은 정확한 증거도 없이 본인의 생각을 말하고 있습니다.

판사 이번 신문은 증인의 생각을 듣는 것도 중요한 만큼 이대로 진행하도록 하겠습니다. 피고 측 변호인은 계속해 주십시오.

이대로 변호사 네, 판사님. 피고가 부여를 떠난 뒤 증인은 부여에서 어떻게 생활하셨습니까? 반역자의 어머니라고 천대를 받으셨습니까?

유화 부인 금와왕이 나를 대하는 마음이 식었던 것은 사실입니다. 전에는 내가 없이는 못 산다고 하더니 결국은 친아들인 대소의 편을 들어 주었고요. 나는 금와왕이 미웠지만 궁궐에서 쫓겨나거나 하는 일은 없었습니다. 오히려 추모가 고구려를 세운 뒤에는 고구려를 견제하기 위한 방법으로 내가 필요했기 때문에 대접이 다시 좋아졌지요. 하지만 금와왕이 나를 고구려로 보내지는 않았습니다. 나 역시 금와왕을 떠날 생각을 하지 않았고요. 결국 금와왕은 내가 죽자 왕의 어머니에 해당하는 태후의 예로 장례를 크게 치러 줬고 내 무덤도 크고 멋지게 만들어 주었어요. 이건 결국 내 아들이 잘난 덕이라고 할 수 있지요. 내가 고구려에서 부여신으로 섬겨진 것도 모두 아들 덕택입니다. 아들이 잘난 것이 대체 무슨 죄가 되나요?

'주몽'은 무슨 뜻일까?

'주몽'이란 말은 '활쏘기를 잘하는 자'라는 뜻으로 부여의 고유어입니다. 부여는 물론 고구려에서도 주몽이란 칭호를 받는 것을 대단한 영예로 여겼습니다. 고구려에서는 '경당'이라는 학교에서 어린 학생들에게 활쏘기를 가르쳤습니다. 활쏘기를 잘하면 나라의 인재로 선발되어 장군이 될 수도 있었습니다. 저 유명한 '바보 온달'도 사냥 대회에서 뛰어난 활 솜씨로 1등에 뽑혀 장군이 되었으며 전쟁에서 공을 세워 왕의 사위로 인정받았지요.

활쏘기를 잘하려면 자세가 바르고 집중력과 판단력이 좋아야 하며 몸도 튼튼해야 합니다. 활쏘기는 금방 배울 수 있는 것이 아니라서 10년 정도 계속 훈련해야 명사수가 될 수 있습니다. 따라서 전쟁이 잦았던 부여와 고구려 등에서는 활쏘기 능력이 인재를 선발하는 데 가장 중요한 기준이 되었던 것입니다. 활쏘기를 잘하면 사냥할 때 더 많은 짐승을 잡을 수 있고 그 고기와 가죽으로 남보다 더 잘살 수 있었습니다. 또 전쟁에서 큰 공을 세울 수도 있었습니다.

부여와 고구려에서 활쏘기를 잘하는 주몽이란 칭호를 받는 것은 요즘으로 말하자면 '스타'가 되는 셈입니다. 그런 만큼 추모왕이 주몽이라 불렸다는 것은 그가 대단히 유능한 인재라는 것을 한마디로 표현해 주는 것입니다.

추모왕의 아버지는 누구일까?

3

오진실 변호사　판사님, 피고에게 몇 가지 질문하고 싶으니 신문할 기회를 주시기 바랍니다.

판사　네. 원고 측 변호인, 신문하세요.

오진실 변호사　감사합니다. 먼저 피고의 어머니가 유화 부인이라는 것은 누구나 알고 있을 것입니다. 그런데 왜 아버지 이야기는 하지 않는 걸까요? 이에 저는 피고에 관한 기록을 살펴보고자 합니다. ▶광개토대왕릉 비문에는 북부여 천제의 아들이라고 하고, 『삼국사기』와 『동국이상국집』의 「동명왕편」에는 해모수의 아들이라고 나와 있습니다. 그런데 판사님, 『삼국유사』에는 피고가 태어난 기원전 58년에 해모수가 북부여를 건국하였다고 적혀 있습니다. 피고가 해모수의 아들이라면 피고는 왜 북부여로 가서 북부여의 왕이 되지 않

『삼국유사』
일연(1206~1289) 스님이 고려 충렬왕 7년(1281)에 쓴 역사서입니다. 『삼국사기』에서 다루지 못한 신화, 설화, 불교적 내용을 많이 담고 있습니다.

고 군이 새로 나라를 세웠을까요? 피고는 정말 해모수의 아들이 맞습니까?

추모왕　　그건 제가 친아버지를 뵙지 못해서 대답하기가 좀 그렇네요.

오진실 변호사　　피고는 의도적으로 진실을 숨기고 있군요. 그럼 증인 유화 부인에게 다시 질문할까요? 피고는 솔직하게 대답해 주세요. 당신의 아버지는 누구입니까?

추모왕　　군이 그것을 묻는 이유가 뭡니까? 오늘 소송과 무슨 관련이 있습니까?

오진실 변호사　　피고는 북부여 천제의 아들이 아닙니다. 짝퉁 왕자였습니다. 그럼에도 북부여의 계승자라고 백성을 현혹해 자신을 대단한 사람이라고 믿게 했던 것 아닙니까! 더 중요한 것은 그로 인해 일부 백성이 부여를 떠났고, 결국에는 부여의 역사까지 왜곡되었다는 것입니다. 대소왕의 증조할아버지에 해당하는 해모수를 당신의 아버지로 만들어 부여 왕실의 족보를 말도 안 되게 만든 것은 바로 당신의 죄 아닙니까! 피고, 피고는 정직하게 답변해 보세요!

추모왕　　……

교과서에는

▶ 광개토대왕릉비에는 "추모왕은 북부여에서 태어났으며 천제의 아들이었고 어머니는 하백의 딸이었다. 알을 깨고 세상에 나왔는데 태어나면서부터 성스러웠다"라고 전하고 있습니다.

추모왕이 쭈뼛쭈뼛하며 답변을 못하자 방청객들도 술렁였다. 법정이 소란해지자 판사가 나섰다.

판사　　자자, 조용히 하세요.

오진실 변호사　피고가 답변하지 않으니 증인 유화 부인께서 답변해 주셔야겠네요.

유화 부인　나 역시 말하기 곤란합니다. 이 자리에서 내 가족사까지 말해야 합니까?

이대로 변호사　판사님, 이의 있습니다. 원고 측 변호인은 지금 저희 쪽

천왕지신총 벽화에 그려진 천왕(해모수)

증인에게 모욕을 주려고 합니다. 증인이 남편에 대해 이야기하는 것을 꺼리는 이유는 증인이 미혼모였기 때문입니다. 해모수를 만나 임신했지만 해모수가 떠났기 때문에 말하지 못했던 것입니다. 추모가 북부여로 가지 못했던 것도 그 때문이고요.

오진실 변호사　판사님, 이대로 변호사가 『동국이상국집』의 「동명왕편」에 나오는 글을 읽고 온 모양입니다. 하지만 해모수가 정말 추모왕의 아버지란 것을 믿을 수 있을까요? 피고는 자신의 아버지가 해모수가 아닌, 그다지 유명하지도 않고 별 볼 일 없는 사람임을 알고 있었습니다. 하지만 피고는 마치 자신의 혈통이 위대한 것처럼 많은 사람을 현혹했습니다. 정말 피고의 아버지가 천신의 아들인 해모수였다면 ▶왜 고구려에서 유화 부인은 부여신으로 섬기면서 해모수는 신으로 섬기지 않았을까요? 피고는 자신이 금와왕의 친아들이 아니어서 왕이 되는 조건에 부족하다고 느끼고, 자신을 포장하기 위해 해모

교과서에는

▶ 고구려에서는 건국 시조인 주몽과 그 어머니 유화 부인을 조상신으로 섬겨 제사를 지냈고, 10월에는 추수감사제인 동맹이라는 제천 행사를 성대하게 열었습니다.

부여인의 무덤 떼인 길림 시 모아산 유적으로 주변에 부여 초기의 왕성이 있었습니다.

수를 끌어들인 것입니다. 그래서 많은 사람을 현혹한 것이고요.

이대로 변호사   이의 있습니다. 판사님, 지금 원고 측 변호인은 피고를 모함하고 있습니다.

이대로 변호사가 불만 가득한 눈빛으로 오진실 변호사를 노려보았다.

오진실 변호사   존경하는 판사님, 결코 모함이 아닙니다. 진실을 숨기는 게 아니라면 피고와 피고 측 증인이 해모수에 대해 증언해 주면 될 것 아닙니까? 한 가지 말씀 드리고 싶은 것은 위증죄는 엄청난 처벌을 받는다는 것입니다.

왜 부여 대소왕은 억울하다고 할까?

유화 부인   오늘 이 수모는 결코 잊지 않겠어요. 나는 더 이상 답변을 거부하겠습니다. 판사님, 퇴장을 허락해 주시기 바랍니다.

판사   허락합니다. 증인은 자리로 돌아가셔도 좋습니다.

오진실 변호사   판사님, 정리해 보면 부여 역사의 왜곡은 피고가 아버지의 정체를 조작한 데에서부터 시작합니다. 추모왕의 아버지에 대한 문제는 반드시 밝혀져야 할 것입니다.

이대로 변호사   판사님, 진실을 밝히는 것은 좋지만 원고 측 변호인이 음모를 꾸미게 놔두어서는 안 될 것입니다.

오진실 변호사   음모라니요! 저는 진실을 밝히고 싶을 뿐입니다!

판사   자자, 두 분 변호인은 진정하시기 바랍니다. 시간이 다 되었군요. 오늘 재판은 피고 추모왕이 과연 부여의 반역자였는가 하는 문제와 원고 대소왕이 피고를 핍박한 것이 정당했느냐 하는 점, 그리고 피고의 아버지가 누구냐에 대한 자료 제시와 증인 신문으로 이루어졌습니다. 오늘 다 다루지 못한 문제는 다음 주에 열릴 재판에서 다시 이야기하도록 하겠습니다. 그럼 오늘 재판은 이것으로 마칩니다.

　　땅, 땅, 땅!

다알지 기자

　　안녕하세요? 역사공화국 법정 뉴스의 다알
지 기자입니다. 저는 대소왕 대 추모왕의 역사적
인 재판이 열리는 한국사법정 앞에 나와 있는데요. 이
제 막 첫날 재판이 끝났습니다. 오늘 재판에서는 대소왕이 추모왕을
부여에서 내쫓은 것은 정당하다는 금와왕의 증언이 결정적이었는데
요. 금와왕의 증언에 따르면, 추모는 재주가 뛰어나 부여에 그대로 두
었다면 부여에서 내분이 일어났을 것이라고 하네요. 반면 추모왕은 아
버지가 누구인지 묻는 질문에 머뭇거리며 답변을 하지 못해 법정에 모
인 사람들의 고개를 갸우뚱하게 만들었습니다. 그럼 이 자리에 이번
재판의 두 주인공 대소왕과 추모왕을 모시고 소감을 들어 보도록 하겠
습니다.

대소왕

　이번 재판을 통해 부여에서 추모를 내쫓
을 수밖에 없었던 '추모 추방 사건'에 대한 오
해가 조금이나마 풀릴 수 있을 것으로 기대합니
다. 재판 중에 아버지도 말씀하셨지만 한 나라의 왕은 무엇보다 나라
의 안정을 소중히 여겨야 합니다. 그래서 난 부여의 안정을 위해 아버
지의 명을 받들어 추모를 추방한 것입니다. 더 이상 드라마 등에서 나
오는 것처럼 내가 추모를 시기해서 추방했다고 생각하지 않기를 바랍
니다. 한마디만 더! 추모는 고구려를 건국하면서 자신의 아버지를 천
신의 아들인 해모수라고 속여 많은 사람들을 현혹했다는 것도 잊으시
면 안 됩니다!

추모왕

　　　　재판을 지켜보자니 여간 피곤한 게 아니
군요. 역사는 어차피 승자의 기록 아닙니까? 교
과서나 기존의 역사서도 그런 점을 인정하기 때문
에 승자의 기록을 우선시하는 것이고요. 나에 대한 오해의 상당 부분
은 내 후손이 나를 너무 칭송하다 보니 생긴 문제입니다. 교과서에도
고구려 건국 신화라 하여 『동국이상국집』 「동명왕편」과 『삼국사기』의
내용이 인용되었는데, 분명히 내가 박해를 받아서 부여를 탈출했다고
되어 있지 않습니까? 내가 부여에서 꿈을 이루지 못하게 막은 것은 대
소 형님의 시기와 질투였다는 점을 말하고 싶습니다. 그럼 다음 재판
에서 뵙지요.

왜 부여 대소왕은 억울하다고 할까?

추모왕은 왜
고구려를 건국했을까?

1. 어떻게 고구려를 세웠을까?
2. 부여는 희망을 잃은 나라였을까?
3. 고구려 건국은 부여에 재앙이 되었을까?

1 어떻게 고구려를 세웠을까?

판사　오늘은 대소왕 대 추모왕 재판 둘째 날입니다. 오늘은 피고 측 변호인부터 발언하실까요?

이대로 변호사　네, 판사님. 원고 측은 피고를 부여의 골칫거리, 반역자, 죄인이라고 지속적으로 비난해 왔습니다. 하지만 이 자리에 계신 배심원과 방청객 여러분 모두 알고 계실 것입니다. 피고가 고구려를 세운 것이 한국 역사상 얼마나 중요한 일이었는지 말입니다. 따라서 피고는 결코 원고로부터 비난받아야 할 자가 아니며, 변함없이 존경받으며 영웅 마을에서 살아야 합니다. 저는 이 점을 명쾌하게 입증할 것이고, 원고의 주장이 터무니없다는 것을 속 시원히 밝힐 것입니다.

판사　피고가 고구려를 건국한 과정은 너무 유명해서 대충 알고

　왜 부여 대소왕은 억울하다고 할까?

나는 부여에서 남하해 고구려를 세웠지. 바로 '도전 정신의 결정체'라 말할 수 있지. 하하!

있는데, 특별히 입증해 보일 것이 있나요?

이대로 변호사　　존경하는 판사님, 배심원과 방청객 여러분! 피고석에 앉아 있는 추모왕은 고구려에서 고등신으로 모셔지기까지 했던 분입니다. 한 인간이 죽어서 신으로 모셔졌고, 그것도 고구려인의 큰 축제인 '동맹' 행사에서 신으로 섬겨졌다는 것은 그의 삶이 절대 예사롭지 않았음을 보여줍니다. 즉 피고가 부여를 떠나 고구려를 건국한 것은 현실에 안주하지 않고 새로움에 도전하는 벤처 정신을 실

벤처 정신

벤처는 영어로 'venture'라고 씁
니다. 이는 '모험' 또는 '모험하
는 것처럼 위험을 무릅쓰고 간
다'는 뜻이랍니다. 따라서 벤처
정신은 안전한 기반이 뒷받침된
현재의 상태에 안주하지 않고 새
롭게 길을 개척한다는 의미를 담
고 있지요.

현한 것으로 후대에도 높이 평가되고 있지요. 무엇보다 피
고는 압록강 주변에 살던 사람들에게 새로운 희망을 제시
했습니다.

오진실 변호사　판사님, 피고 측 변호인의 주장은 어디까
지나 변호사 개인의 의견이라고 볼 수 있습니다.

이대로 변호사　결코 그렇지 않습니다. 원고 측 변호인이
딴죽을 걸 줄 알고 미리 증인을 신청해 두었습니다.

엄청난 서류 무더기를 뒤적이던 판사가 말을 꺼냈다.

판사　서류 정리를 안 했더니 찾기가 어렵군요. 어디 보자, 피고 측
에서 소서노를 증인으로 신청했군요.

오진실 변호사　판사님, 이의 있습니다. 소서노는 추모왕의 아내입
니다. 공정한 증언을 해 줄 증인이 될 수 없습니다.

이대로 변호사　오진실 변호사가 모르는 것이 많군요. 소서노는 피
고와 이혼했습니다. 따라서 불공정한 증인이라고 볼 수 없습니다.
증인은 과거의 인연 때문에 오늘 법정에 나오는 것을 꺼렸으나, 진
실만큼은 바로 알려야 한다고 제가 설득해서 이 자리에 나오게 되었
습니다.

판사　좋습니다. 증인 신문을 허락합니다. 증인 소서노는 나와서
선서해 주세요.

소서노　저는 진실만을 말할 것을 선서합니다.

이대로 변호사　　증인은 피고가 부여에서 내려오기 전에 압록강 주변의 졸본 땅을 다스리던 실질적인 여주인이나 다름없었습니다. 그런데 어찌하여 증인은 자신보다 아홉 살이나 어린 피고를 남편으로 받아들이고 온 재산과 정성을 기울여 그가 나라를 세우는 데 도움을 준 것입니까?

소서노　　추모 님이 비록 저와 이혼하기는 했지만 아직도 추모 님에 대한 존경심만큼은 변함이 없습니다. 젊은 시절 그분은 정말 돋보이는 사람이었습니다. 제가 과부로 살고 있을 때 그분은 저의 모든 것을 주어도 아깝지 않을 인물이었지요.

판사　　증인, 혹시 피고가 젊은 시절 미남이었습니까? 부여에서 도망쳐 왔으니 재산은 얼마 없었을 것 같고…….

소서노　　판사님도 외모로만 본다면 인기가 없으셨을 텐데 그래도 결혼은 하시지 않았습니까? 다 짝이 있답니다. 농담으로라도 외모나 재산, 나이 등으로 사람을 평가하지 마세요.

　저는 추모 님의 살아있는 눈빛을 보았습니다. 나이는 어렸지만 추모 님은 사람들을 끌어당기는 강한 신념이 있었으니까요. 그분은 외부의 적들에게 괴롭힘을 당하여 움츠려 있던 졸본 사람들에게 희망을 말하고 할 수 있다는 자신감을 심어 주었으며, 하늘 신이 우리를 선택했다는 자부심을 심어 주었습니다. 추모 님이 사람들에게 미래에 대한 큰 가능성을 보여 주었기 때문에 저는 그분에게 저의 전 재산을 투자하고 저를 따르던 무리로 하여금 그분을 따르게 했던 것입니다.

이대로 변호사   그렇다고 해도 외부인을 받아들이기가 쉽지 않았을 텐데요. 혹시 피고가 무리를 이끌고 와서 힘으로 정복했던 것은 아닙니까?

소서노   당시 그의 세력은 부여에서 함께 내려온 오이, 마리, 협부 그리고 모둔곡에서 만난 재사, 무골, 묵거와 그들의 부하 정도였습니다. 우리를 힘으로 정복할 수 있을 만큼 엄청난 세력은 아니었던 거죠. 제가 도움을 주면서 추모 님은 나라를 세울 수 있었는데, 그분

백제 무덤인 서울 석촌동 3호분으로 고구려 무덤과 형식
이 똑같습니다.

부여의 널무덤과 같은 형식을 가진 백제의 널무덤

은 비록 부여에서 태어났지만 무덤만큼은 부여 사람들이 쓰던 널무덤이 아닌 졸본 사람들의 무덤인 돌무지무덤을 사용했습니다. 이 점만 보더라도 추모 님은 졸본 사람을 지배하고 정복하려고 한 것이 아니라 함께 힘을 모아 새로운 운명을 개척해 나가려고 노력했다는 것을 알 수 있지요. 그래서 나도 도움을 드렸던 것입니다.

오진실 변호사 증인에게 하나만 질문하겠습니다. 증인은 피고 추모왕이 천신의 아들이며 북부여 해모수의 아들이라는 것을 믿었나요?

소서노 지난주 재판에서 그 이야기가 문제가 되었다는 것을 법정 뉴스에서 들었습니다. 오진실 변호사께서 이 문제로 추모 님을 곤경에 빠뜨렸다고 자랑하시더군요. 오 변호사에게 묻고 싶습니다. 정치가 무엇이라고 생각하십니까?

널무덤(토광묘)
흙을 파서 구덩이를 만들고 시신을 묻는 무덤의 형태를 말해요.

돌무지무덤(적석총)
시신을 넣은 무덤의 표면을 돌을 쌓아 올려서 만든 것으로 고구려의 대표적인 무덤 양식입니다. 동방의 피라미드라고 불리는 장군총, 태왕릉 등이 바로 이 돌무지무덤이지요.

고구려 무덤인 장군총

오진실 변호사　　정치요? 음…… 제가 정치가가 아니라서 뭐라고 답하기 어렵습니다만, 정치가는 진실해야 한다는 것이 저의 생각입니다.

소서노　　호호호. 오 변호사, 역시 풋내기로군요. 하긴 오 변호사가 정치를 어찌 알겠어요. 정치가는 때로 선의의 거짓말을 해야 할 때도 있는 것입니다. 전쟁을 승리로 이끈 명장들이 사용하는 병법이란 게 무엇인가요? 한마디로 적을 속이고, 심지어 자기 편도 속여 승리를 거두는 방법 아니겠습니까? 적과 싸울 때는 우리 편의 정보를 적이 알아서는 안 된다는 건 누구나 알고 있을 것입니다. 순진하게 모든 것을 사실 그대로 보여 주었다가는 전쟁에서 패배하고 맙니다.

　정치도 마찬가지입니다. 고구려 사람들은 왜 추모 님이 하늘의 아들이라고 믿었을까요? 생각해 보세요. 그것은 다 필요에 의한 것입니다. 고구려 백성에게는 자신감과 우리 왕에게 특별한 능력이 있어 승리할 수 있다는 믿음이 필요했던 것입니다.

오진실 변호사　　증인, 선의의 거짓말이라고요? 어쨌든 피고는 고구려 백성을 속인 것 아닙니까?

소서노　　왜 그분이 백성을 속였다고 생각하세요? 만약 추모 님에 대한 고구려 사람들의 그러한 믿음이 없었다면 고구려가 그렇게 당당하게 외적에 맞서 승리할 수 있었을까요? 추모 님은 고구려 사람

　　왜 부여 대소왕은 억울하다고 할까?

들에게 자신감을 불어넣기 위해서 자신을 믿고 따르라고 했던 것입니다. 그분에 대한 여러 이야기는 그분의 후손들이 만든 것이 많지만, 백성들도 이것을 믿고 따랐기에 더욱 확대되었던 것입니다.

오진실 변호사　　하지만 거짓을 말한 것은 사실 아닙니까.

소서노　　추모 님은 정치 지도자였습니다. 백성을 이끄는 왕이었단 말이에요. 그분이 누구의 아들이냐가 중요한 것이 아니랍니다. 변호사님이 정치를 해 보았다면 거짓이라도 믿고 싶은 백성의 마음을 이해할 수 있을 것입니다.

이대로 변호사　　그렇습니다. 증인의 말처럼 피고가 하늘의 아들이냐 아니냐가 중요한 것이 아닙니다. 존경하는 판사님, 원고 측 변호인은 정치를 이해하지 못하기 때문에 피고에게 생트집을 잡는 것입니다. 그리고 오진실 변호사로선 절대 이해할 수 없겠지만 고구려 사람들은 추모왕을 진실로 존경하고 따랐습니다.

피고가 없었더라면 한국사의 자랑인 고구려가 존재할 수 있었을까요? 부여도 물론 중요한 나라였지만 고구려만큼 한국사에 중요한 역할을 하진 못하지 않았습니까? 부여에서 탈출하여 고구려를 건국한 피고의 공은 진실로 크다고 할 것입니다. 그럼에도 피고가 부여를 약화시키고 거짓 선전을 했다며 비난하는 것은 잘못된 일입니다.

소서노와 이대로 변호사의 열변을 들은 방청석에서 박수 소리가 터졌다. 오진실 변호사가 얼굴을 붉히며 당황하자 대소왕이 눈을 흘기며 작은 소리로 말했다.

대소왕   오 변호사, 거봐요. 그 문제는 그렇게 말하면 손해라고 했잖소.

판사   양측 변호인, 증인 소서노 씨에게 더 신문할 사항이 있습니까?

오진실 변호사   ……없습니다.

오진실 변호사는 소서노에게서 풋내기라고 조롱받은 것이 부끄러워 더 이상 말을 이을 수 없었다. 오진실 변호사는 고개를 숙이고 주먹을 꽉 쥐었다. '오늘의 이 수모를 어떻게 갚지?'

이대로 변호사   판사님, 저는 증인에게 몇 가지 질문을 더 하도록 하겠습니다. 증인은 피고가 나라를 세운 후 어떻게 나라를 키워 나갔는지 말씀해 주실 수 있습니까?

소서노   ▶추모 님이 처음 고구려를 건국했을 때는 궁궐 하나 제대로 갖추지 못했습니다. 하지만 이웃하고 있던 비류국 송양왕과의 싸움에서 승리하면서 점차 나라의 기틀을 만들어 가기 시작했습니다. 송양왕은 감히 추모 님을 넘보았으나 활쏘기 능력과 군사를 다스리는 면에서 도저히 추모 님의 상대가 되지 못했습니다. 결국 추모 님은 비류국을 정복해 고구려의 한 구성원인 비류부로 받아들였지요. 그리고 졸본 땅을 자주 노략질해 오던 말갈을 쫓아 버렸습니다. 행인국과 옥저도 굴복시켜 나라의 기틀을 튼

행인국과 옥저
행인국은 백두산 동남쪽인 함경도 지역에 있었던 작은 나라이며, 옥저는 함경도와 연해주 일대에 있었던 나라로 고구려와 의식주 문화를 비롯해 예절 등의 풍속이 닮은 나라였습니다.

교과서에는

▶ 압록강 중류의 졸본 지역에서 성립한 고구려는 일찍이 주변 국가를 정복하고 평야 지대로 진출하였습니다. 그리하여 압록강 가의 국내성(통거우)으로 옮겨 5부족 연맹을 토대로 발전하였지요. 그 후 한의 군현을 공략하여 요동 지방으로 진출하였을 뿐만 아니라 동쪽으로는 부전고원을 넘어 옥저를 정복하였습니다.

고구려의 첫 수도였던 환런 지방의 비류수와 오녀산성

튼히 했지요. 주변 나라들이 제자리걸음을 하고 있을 때 오직 고구려만이 빠르게 성장했던 것입니다.

이대로 변호사   증인은 고구려가 크게 발전하는 나라가 될 것이라고 예상했습니까?

소서노   그럼요. 추모 님과 제가 함께 만든 고구려는 미래에 대한 확고한 비전을 가진 나라였습니다. 백성 모두가 잘살 수 있다는 희망, 선택받은 백성이라는 자부심, 큰 나라로 성장할 수 있다는 꿈이 있었습니다. 반면 부여는 덩치만 컸지 뚜렷한 그 무엇이 없었습니다. 그 차이가 바로 고구려가 점차 부여보다 발전하게 된 이유였다고 생각합니다. 그런 고구려를 세운 추모 님이 무엇 때문에 부여에 사죄해야 합니까?

이대로 변호사　　확고한 비전을 가진 나라 고구려를 피고가 건국했다는 말씀이군요. 이것으로 증인 신문을 마칩니다.

판사　　증인, 수고하셨습니다. 그만 돌아가셔도 좋습니다.

　　소서노는 피고인 추모왕을 그윽한 눈빛으로 바라보다가 이내 한숨을 내쉬며 자리로 돌아갔다. 추모왕은 소서노에게 고맙다는 눈빛을 보냈다. 방청석에서 소서노가 한국사에 손꼽히는 여걸이라며 칭찬하는 목소리가 들렸다.

2

부여는 희망을 잃은
나라였을까?

판사 그런데 원고 측 변호인, 궁금한 점이 있는데요. 원고 측에서
는 피고인 추모왕뿐만 아니라 그의 아들 유리왕, 손자인 대무신왕,
그리고 더 먼 손자인 장수왕에게까지 줄줄이 소송을 제기하였는데,
이들의 죄는 무엇입니까?

오진실 변호사 조금 전 소서노의 증언을 듣기는 했지만, 저는 여전
히 고구려를 자랑하기 위해 부여를 깎아내려서는 안 된다고 생각합
니다. 판사님, 피고와 후손들의 잘못이 바로 여기에 있습니다. 왜 고
구려가 좋은 나라임을 강조하기 위해 부여를 깎아내려야 합니까?
이러한 점 때문에 원고와 부여가 오해를 받는 것입니다. 부여가 희
망이 없던 나라라는 것은 말도 안 됩니다. 부여는 피고가 떠난 이후
에도 계속 발전했으니까요. 희망이 없었다면 금방 망하고 말았겠죠.

하지만 원고인 대소왕은 오히려 부여의 전성기를 이끌었던 왕입니다.

판사   대소왕이 부여의 전성기를 이루었다는 증거를 제시할 수 있습니까?

오진실 변호사   물론이죠.

오진실 변호사는 판사에게 『삼국사기』와 『삼국지』 등의 기록을 증거로 제시했다.

오진실 변호사   존경하는 판사님, 그리고 배심원과 방청객 여러분, 고구려 사람들이 남긴 광개토대왕릉비에는 부여가 고구려의 오래된 복속국이라고 기록되어 있습니다. 하지만 이는 잘못된 표현입니다. 아무리 고구려 사람들을 위한 글이고, 410년 고구려가 부여를 제압한 뒤 414년에 장수왕의 명령으로 기록한 것이라 해도 이것은 명백히 잘못된 기록입니다.

판사   광개토대왕릉 비문이라면 저도 익히 들어 알고 있습니다. 그런데 잘못된 기록이라고요?

오진실 변호사   네. 여기 『삼국사기』의 기록을 살펴볼까요? 원고가 다스리던 때의 일입니다. 기원전 6년, 부여 대소왕은 고구려에 사신을 보내 고구려 태자 도절을 인질로 보내라고 요구하였습니다. 고구려 유리왕은 부여의 보복이 염려스러웠지만 도절이 부여에 가는 것을 너무나 두려워하여 인질로 보내지 않았습니다. 그 결과 화가 난 대소왕이 군사 5만 명을 보내 고구려를 위협했습니다.

　　이런 일이 한두 번 있었던 것이 아닙니다. 서기 9년에도 사신을 보내 고구려가 부여를 섬기지 않은 것에 대해 유리왕을 꾸짖었습니다. 또 서기 20년에도 고구려에 사신을 보내 장차 고구려가 부여에 병합될 것이니 섬기라고 요구했습니다.

판사　　그러니까 광개토대왕릉 비문에 부여가 고구려의 오래된 복속국이라고 적힌 것은 『삼국사기』 기록과 비교할 때 틀렸다는 것이로군요.

오진실 변호사　　또 『삼국지』라는 중국 측 기록도 살펴볼까요? 고구려 인구는 호수가 3만인데 부여는 그 2배가 넘는 8만이라고 기록하고 있습니다. 또 부여는 동이들의 나라 가운데 가장 평탄한 곳이며 영토 또한 넓다고 기록하고 있지요.

고구려보다 강한 나라의 왕이 바로 여기에 앉아 있는 부여의 대소왕입니다. 그런데 왜 후손들은 원고에 대해 못난 왕이라고 생각하게 되었을까요? 그것은 바로 부여의 역사를 가로챈 고구려 때문입니다. 고구려가 부여의 역사를 왜곡하지만 않았어도 이런 잘못된 평가는 없었을 것입니다.

판사 음, 놀랍군요. 피고 측에서는 이러한 주장들에 대해 반대 의견을 제시하겠습니까?

이대로 변호사 판사님, 잠시 피고와 상의한 후에 답변하도록 하겠습니다.

이대로 변호사가 말문이 막혀 피고와 상의하는 동안 방청객들이 술렁거렸다.

"부여가 고구려보다 강한 나라였다니! 그것도 잠시가 아니라 꽤 오랫동안이나! 놀라운걸!"

"허, 재판 첫날에 이대로 변호사가 그렇게 잘난 척을 하더니 오늘은 진땀 좀 흘리겠네."

"아까는 추모왕 쪽이 좀 이기는 것 같더니 다시 대소왕 쪽이 공격하는 셈이네. 그럼 누가 이기는 거야?"

"어휴, 영감, 급하기도 하지. 기다려 보슈. 아직 판결이 나려면 멀었어요."

판사 다시 묻도록 하겠습니다. 피고 측은 원고 측 주장에 이의 없

동이
중국 입장에서 볼 때 '동쪽의 다른 족속'을 일컫는 말이에요. 고대 중국인들은 주변의 다른 족속들을 동쪽은 동이, 남쪽은 남만, 서쪽은 서융, 북쪽은 북적이라고 불렀습니다. 동이에는 고구려, 백제, 신라를 비롯해 말갈, 왜 등도 포함되지요.

습니까?

이대로 변호사　이의 있습니다. 한때 부여가 고구려보다 강했다는 것은 인정합니다. 그러나…….

오진실 변호사　한때라고? 거참…….

이대로 변호사　판사님, 원고 대소왕이 부여를 강하게 했다고 하지만 그리 긴 시간 동안은 아니었습니다. 서기 22년 피고의 손자인 대무신왕은 부여를 공격하여 그다음 해에 원고를 죽였습니다. 그래서 부여의 왕자가 고구려에 투항하는 등, 이후 부여는 고구려보다 약한 나라로 전락하였고요. 고구려 6대 태조 대왕은 부여에 행차해 유화 부인의 묘에 가서 제사를 지내는 등 고구려의 강력한 힘을 부여에 과시한 적도 있습니다. 그런데 원고 측 변호인은 마치 부여가 시종일관 고구려보다 강했던 것처럼 변론하니 좀 어이가 없군요.

오진실 변호사　판사님, 시종일관 고구려의 입장에서만 변론하는 쪽은 오히려 피고 측입니다. 원고가 죽을 때까지 고구려는 결코 부여를 앞서지 못한 작은 나라였습니다. 그런데 원고가 죽었다고 부여가 갑자기 약해집니까? 그럴 수 없습니다. 원고는 나라를 잘 다스렸기 때문에 부여의 군대 또한 매우 강했는데요. 『삼국사기』「대무신왕」 5년 기록을 보시기 바랍니다. 고구려는 주변 여러 세력과 연합해 부여를 공격한 적이 있지만, 부여군에게 포위되어 거의 전멸할 뻔했습니다. 결국 고구려군은 안개가 낀 날 허수아비를 세워 놓고 장비와 식량 등을 모두 버리고 몰래 몸만 빠져나갔지요. 그래서 어찌 됐습니까? 고구려 대무신왕이 부여와의 전쟁에 대해 자신의 허물이라며 스스로 반성하지 않았습니까!

원고가 죽은 후 잠시 부여에 왕위 다툼으로 인한 내분이 있었던 것은 사실입니다. 이 일로 인해 고구려가 부여보다 강해졌다고 생각하는 모양인데, 그것은 진실이 아닙니다. 부여는 금방 약해지지 않았습니다. 진나라의 진수가 『삼국지』에서 200년대 부여와 고구려의 상황을 기록한 것을 한번 봅시다. 판사님, 증빙 자료 1을 제시하겠습니다.

판사 이 기록을 보니 부여가 고구려보다 훨씬 부유한 나라였음이 분명하군요.

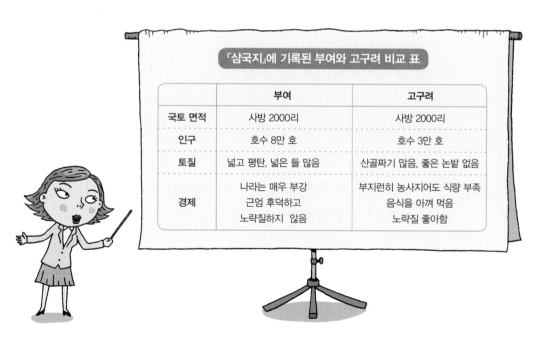

『삼국지』에 기록된 부여와 고구려 비교 표

	부여	고구려
국토 면적	사방 2000리	사방 2000리
인구	호수 8만 호	호수 3만 호
토질	넓고 평탄, 넓은 들 많음	산골짜기 많음, 좋은 논밭 없음
경제	나라는 매우 부강 근엄 후덕하고 노략질하지 않음	부지런히 농사지어도 식량 부족 음식을 아껴 먹음 노략질 좋아함

오진실 변호사　그렇습니다. 이 기록을 보고도 부여가 고구려에 비해 약한 나라이고 별 볼 일 없는 나라라고 하겠습니까? 부여의 역사를 왜곡하고 축소한 고구려는 반성해야 합니다.

이대로 변호사　판사님, 반론하겠습니다.

판사　무슨 반론이 필요한가요? 분명하지 않습니까?

이대로 변호사　저도 그 자료를 보고 적지 않게 놀랐습니다. 하지만 조금 전 제게 역사학자 한 분이 도움을 주고 가셨습니다. 바로 『삼국지』를 쓴 진나라 진수의 입장을 고려해야 한다는 것입니다. 진나라는 고구려와는 적대적이었지만 부여와는 우호 관계를 맺고 있었습니다. 따라서 부여에 대해 훨씬 우호적인 입장에서 글을 썼고 고구려에 대해서는 그렇지 않았을 것입니다.

　285년 당시 부여의 상황을 좀 볼까요? 이때 부여는 모용 선비의 공격을 받아 크게 패했습니다. 진나라의 도움으로 겨우 나라 꼴을 유지할 정도로 거의 망하기 직전이었지요. 반면 고구려는 부여에 침투하여 세력을 넓히고 있었습니다. 그런데 이 무렵 쓰인 『삼국지』에 부여가 고구려보다 강한 나라라고 기록되어 있으니 이것이 어찌 공정한 기록이라고 할 수 있습니까?

판사　그러니까 역사에 기록된 것이 꼭 진실이 아닐 수 있다는 이야기로군요. 이대로 변호사는 기록된 것만이 진실이라고 주장하는 줄 알았는데, 좀 뜻밖이네요. 충분한 반론으로 인정됩니다. 피고 측 변호인, 계속하시지요.

이대로 변호사　저 역시 기록된 것이 다 진실이라고 생각했는데, 도움을 주신 분 덕택에 새롭게 알게 된 사실이 또 있습니다. 고구려는 112년경부터 **후한**을 계속 공격하여 거듭 승리를 거두었습니다. 그러자 후한은 고구려를 막고자 부여에 막대한 물건을 주어 자신의 편으로 끌어들입니다. 결국 121년에 고구려가 후한의 현도군을 공격하자 후한은 부여의 2만여 군사와 힘을 합쳐 고구려군을 공격하였습니다. 부여는 후한과 한통속이 되어 같은 피를 나눈 고구려를 방해했던 것입니다.

판사　그런 사실이 있었군요.

이대로 변호사　그뿐이 아닙니다. 244년 위나라가 고구려를 공격했을 때 부여는 위나라에 식량을 공급해 주기도 했습니다. 그 때문에 고구려는 위나라와의 전쟁에서 결정적으로 불리해졌습니다. 고구려가 중국의 후한, **위**, **진** 나라들과 싸울 때 부여는 이들 나라와 연합하여 오히려 고구려를 공격했던 것입니다. 그러니 중국 측 기록인 『삼국지』에서 부여에 대해 좋게 평가한 것은 당연하지 않겠습니까? 부여는 노략질을 한 적이 없고 풍요롭게 사는 나라이고 고구려는 노략질을 좋아하고 가난한 나라라고 평가한 것은 중국 측의 일방적인 시각입니다. 결코 정당한 평가라고 할 수 없습니다. 고구려가 당당히 중국과 싸울 때 부여는 무엇을 했습니까? 부여가 무슨 강대국이고 희망이 있는 나라이며 잘나가는 나라였습니까? 그건 말도 안 되는 거짓말입니다.

후한
25년부터 220년까지 중국을 다스렸던 나라입니다.

위
조조의 아들인 조비가 220년 건국하여 265년까지 북부 중국을 다스리며 오, 촉과 함께 중국 삼국 시대를 이루었던 나라입니다.

진
사마염이 위나라를 멸망시킨 후 세운 나라로 280년 오나라를 멸망시키고 중국을 통일했습니다. 그러나 316년 북부 중국을 이민족에게 빼앗기고 양쯔 강 남쪽으로 옮겨 갔다가 420년에 멸망했습니다.

이대로 변호사는 열변을 토한 후 오진실 변호사를 깔보듯이 바라보았다. 오진실 변호사는 또다시 화가 났다.

오진실 변호사　　그렇지 않습니다, 판사님. 부여가 후한, 위, 진과 평화 관계를 맺은 것은 부여의 외교 전략이었을 뿐입니다. 부여는 이들 나라와 평화 관계를 유지함으로써 물자를 공급받고 전쟁을 피할 수 있었습니다. 반면 고구려는 지속적으로 전쟁을 했기 때문에 후한과 위나라의 침략을 받았던 것 아닙니까? 부여는 285년에 모용 선비의 침략을 받기 전까지 비교적 장기간 평화를 누렸고 그 덕에 부유하다는 평가도 받았던 것입니다. 그리고 결정적으로 부여의 평화를 위협한 것은 고구려였기 때문에 부여도 전략상 후한과 위나라를 도운 것입니다. 그에 상응하는 대가를 그들로부터 받았고요.

왜 부여 대소왕은 억울하다고 할까?

고구려 건국은 부여에 재앙이 되었을까?

판사　양측의 주장을 잘 들었습니다. 원고 측과 피고 측 가운데 누구의 말이 맞는지 판단하기가 쉽지 않군요.

오진실 변호사　판사님, 고구려는 부여에 막대한 해를 끼친 나라입니다. 부여의 발전에 해가 되었던 만큼 고구려는 지금이라도 부여에 보상해야 합니다. 그리고 고구려 건국이 부여를 약화시켜 결국 부여의 재앙으로 돌아온 만큼, 고구려를 건국한 피고는 책임 의식을 느끼고 지금이라도 부여의 여러 왕과 백성에게 사죄해야 합니다.

이대로 변호사　오진실 변호사 말대로라면 세상에 오직 부여라는 나라만 있어야겠네요? 고구려는 부여보다 더 찬란한 역사를 만들었습니다. 고구려가 부여보다 더 오랜 역사를 유지하며 나라를 발전시키고 더 넓은 영토를 차지하여 한국의 역사를 풍요롭게 했음은 판사

부여의 축제인 영고는 매년 음력 12월에 열렸습니다. '영고(迎鼓)'라는 말은 '북을 치며 신령을 맞이하는 굿'이라는 의미를 담고 있습니다. 이 축제가 12월에 열린 이유는 이때가 본격적인 사냥이 시작되던 시기로 공동 수렵을 행하던 전통을 계승하였기 때문이지요. 한편 고구려의 축제인 동맹과 동예의 무천은 10월에 열렸고, 삼한에서는 5월 파종 후와 10월 수확 후에 각각 축제를 열었습니다. 계절의 변화에 맞춰 관습적으로 되풀이되다 보니 명절이 되었고, 그 명절에 행해지던 여러 가지 행사와 놀이가 세시 풍속으로 전승되었습니다.

▶ 부여의 풍속에는 영고라는 제천 행사가 있었습니다. 이것은 수렵 사회의 전통을 보여 주는 것으로 12월에 열렸지요. 이때는 하늘에 제사를 지내고 노래와 춤을 즐기며 죄수를 풀어 주기도 했습니다. 전쟁이 일어났을 때는 제천 의식을 행하고 소를 죽여 그 굽으로 길흉을 점치기도 했습니다.

님이 더 잘 알고 계실 것입니다.

오진실 변호사　　고구려가 4세기 말 이후 큰 나라로 성장한 것에 대해 부정하는 것이 아닙니다. 다만 문제는 고구려 때문에 부여의 발전이 방해를 받았다는 점입니다. 부여의 것임에도 고구려의 것으로 둔갑한 것이 얼마나 많습니까? ▶간단한 예로 고구려의 축제 '동맹'은 부여의 제천 행사인 '영고'를 본뜬 것입니다. 또 의복 문화와 주거 문화, 음식 문화 등도 부여로부터 막대한 영향을 받았지요. 그럼에도 고구려는 마치 처음부터 자기 것이었던 것처럼 떠들어 댔습니다.

이대로 변호사　　하지만 부여의 무덤 양식이 흙을 파서 구덩이를 만들고 시신을 묻는 널무덤이었던 데 비해, 고구려 무덤은 돌을 쌓아 만든 돌무지무덤, 즉 적석총이라는 것 등 다른 점도 많습니다. 피고가 부여에서 왔기 때문에 고구려가 부여의 문화만을 계승했다고 주장하는 것은 맞지 않습니다. 부여의 영향을 받았더라도 고구려는 그 나름의 문화를 발전시켰습니다. 시조는 부여에서 출발했지만 고구려는 부여와 다른 독특한 문화를 이룩했다는 말씀입니다.

오진실 변호사　　피고가 부여에서 많은 사람을 끌고 내려갔기 때문에 부여는 인구가 줄고 남쪽으로 영토를 더 넓히지 못했습니다. 또한 원고가 목숨을 잃은 것도 고구려 때문이며 부여를 멸망시킨 것도 고구려였으니, 부여

가 고구려에 배상을 요구하는 것은 당연하다고 봅니다. 20세기에도 과거 식민지였던 나라들이 독립하면서 제국주의 열강들에게 **식민 지배 배상금**을 요구하였고 이를 받았습니다.

이대로 변호사　판사님, 원고 측의 이러한 주장은 인류의 역사 전체를 흔드는 억지입니다. 그렇다면 과거에 멸망했던 나라가 모두 배상을 받아야 한다는 말입니까? 고구려는 고구려입니다. 부여가 조상의 나라이긴 하지만 고구려가 부여의 풍습과 문화를 더욱 새롭게 발전시켰으므로 고구려는 부여에 빚이 없다고 봅니다.

오진실 변호사　고구려가 과연 그런 말을 할 자격이 있는 나라일까요? 백제의 26대 **성왕**은 538년 수도를 사비로 옮기면서 국호를 남부여라고 했습니다. 부여를 계승한 나라임을 분명히 선언한 것이지요. 발해의 무왕은 일본에 보낸 외교 문서에서 발해는 부여의 옛 풍습을 이은 나라라고 했습니다. 고구려 북쪽에 있었던 **두막루국**도 부여의 후손임을 자처했지요. 이처럼 부여의 후손이 되는 나라들은 부여를 계승한 것을 자랑스럽게 말했습니다. ▶그런데 고구려는 시조가 부여에서 비롯되었다고 하면서 무엄하게도 광개토대왕릉 비문에 부여가 예부터 고구려에 예속된 나라라고 거짓으로 기록하며 부여를 깔보았습니다.

이대로 변호사　판사님, 백제는 고구려와 경쟁하고 있었

광개토대왕릉비와 비문

기 때문에 상대적으로 부여를 계승하겠다는 의지를 의도적으로 더 드러낸 것이라 볼 수 있습니다. 또 발해와 두막루국은 부여가 완전히 멸망한 상태였기 때문에 편하게 부여를 계승하겠다고 했던 것이고요. 하지만 고구려는 부여가 조상의 나라이긴 했지만 현실적으로는 직접 국경을 맞대고 싸우는 라이벌일 뿐이었습니다. 그래서 어쩔 수 없이 경쟁심을 드러낼 수밖에 없었던 것이지요.

그리고 광개토대왕릉 비문은 고구려 사람들을 위한 비문입니다. 그러니 거기에 어떻게 써 있든 그것은 고구려 사람들을 위한 글입니다. 비문은 역사서가 아닙니다. 따라서 거기에 과장된 말이 좀 있다 하더라도 무슨 큰 문제이겠습니까? 410년경 동부여는 이미 고구려와 경쟁이 되지 않을 만큼 약해져 있었습니다. 당시 고구려 사람들은 동부여에 대해 우월한 마음을 갖고 있을 수밖에 없었지요. 굳이 비문에 동부여를 높이 치켜세우는 표현을 쓸 이유가 전혀 없었어요.

판사   그러니까 비문은 고구려 사람들끼리 보는 글이었으니 어느 정도 과장이나 거짓이 있어도 용납될 수 있다는 주장이로군요.

이대로 변호사   무엇보다 부여가 성장하지 못한 것을 고구려의 책임으로 돌리는 것은 문제가 있습니다. 부여가 더 발전하지 못하고 결국 고구려보다 앞서 멸망한 것은 국력을 한 곳에 집중시키지 못한 탓이 큽니다. 사출도라고 불리는 지방을 다스리는 우가, 마가, 저가, 구가 등 대가들의 힘이 너무 강했지요. 물론 왕 중심의 중앙 집권 국가라야만 나라가 발전하는 것은 아니지만, 부여의 경우 권력이 왕과 대가들로 분산되어 있다 보니 아무래도 ▶고구려처럼 왕권이 강화되어 국력을 집중할 수 있는 나라에 비해 전쟁이나 국제 정세의 변화, 제도 개혁 등에서 뒤처지게 되었던 것입니다.

판사   아, 그런 이유가 있었군요.

이대로 변호사   부여는 지금의 만주 동부 삼림 지역에 살면서 독화살을 쏘는 강인한 부족인 숙신족을 속국 백성으로 삼을 정도로 강력한 나라였습니다. 원고인 대소왕 시절에도 숙신족을 거느렸던 것으로 압니다. 3세기에 만들어진 『삼국지』 기록에도 부여는 숙신을 제압하는 강한 나라였다고 하고요. 네, 부여는 강한 나라였습니다. ▶▶하지만 그 이후 부여는 이들을 통제하지 못해 계속 침략을 받았고, 494년에는 숙신의 후예인 물길에 쫓겨 스스로 고구려에 항복하며 보호를 요청하기에 이르렀습니다. 한때 부여가 다스리던 숙신에게 당한 것은 부여의 잘못이지 고구려의 잘못이 결코 아니지 않습니까. 이것까지 고구려의 죄로 뒤집어씌우겠습니까?

오진실 변호사　판사님, 부여와 숙신의 문제는 여기서 논할 것이 아니라고 생각됩니다.

이대로 변호사　부여가 정말 위기에 처한 건 고구려 때문이 아닙니다. 부여는 후한, 위, 진 등 중국의 나라들과 관계를 맺으며 그들의 힘에 의존했고, 활쏘기 등 무예를 연마하기보다는 중국의 사치스런 문화에 빠져 스스로 나약해졌습니다. 결국 285년 모용 선비의 공격을 받았을 때 나약해진 부여는 적의 침략을 막지 못했지요. 이때 부여 의려왕은 자살했고 부여 사람 1만 명이 포로로 끌려가는 수모를 받았습니다. 왕의 동생과 아들들은 동쪽으로 가 동부여를 세웠고 의라왕은 진나라에 사신을 보내 원군을 요청하였지요. 부여는 진나라가 모용 선비군을 물리쳐 준 덕분에 간신히 회복할 수 있었습니다. 하지만 346년에 또다시 모용 선비의 공격을 받아 부여 현왕이 납치당하고 5만 명이 포로로 잡혀갔습니다. 이렇게 계속 모용 선비와의 전쟁에서 진 것은 부여의 잘못일 뿐이지 고구려 탓으로 돌려서는 안 될 것입니다.

오진실 변호사　하지만 고구려가 부여에서 떨어져 나가지 않았다면 모용 선비를 이겼을지도 모릅니다. 부여가 약해진 것은 고구려와 전쟁을 많이 한 탓도 크고요.

이대로 변호사   상대 측 변호인이 이번 소송을 하면서 부여 역사를
공부하기는 했는지 의심스럽습니다. 부여는 비록 왕이 자식에게 왕
위를 물려주는 부자 상속제로 왕위를 이어가기는 했지만, 부족장인
제가들의 힘이 강해서 다음 왕을 제가들 회의에서 결정한 적도 있습
니다. **간위거왕과 마여왕** 당시 우가 벼슬에 있던 위거라는 자는 왕의
권력을 능가하는 권력을 휘둘렀고 반란을 꿈꾸기도 했지요. 왕을 중
심으로 국력이 집중되지 못하고 왕과 제가들이 정치를 잘못했던 것
도 부여가 약해진 또 하나의 원인입니다. 이렇게 원고의 후손들이 못
나서 벌어진 일까지 고구려 책임으로 돌리는 건 억지입니다. 원고인
대소왕 시기까지 부여가 강대했다는 것은 인정하지만, 그 후에 부여

가 잘못된 것은 부여 자체의 문제이지 고구려 탓은 아니었다고 봅니다.

이대로 변호사가 거듭 공격하자 오진실 변호사는 말문이 막혀 진땀을 흘렸다. 이를 지켜보던 대소왕은 오진실 변호사가 도무지 못 미더운지 옆구리를 쿡쿡 찔러 댔다.

반면 추모왕은 손에 든 **오자도**를 돌리며 느긋하게 하품하고 있었다.

간위거왕과 마여왕
200년대 초에 부여를 다스린 왕들입니다. 『삼국지』「위지동이전」 기록에 따르면, 간위거왕이 죽자 국가 중대사를 결정하는 제가들이 모인 자리에서 첩소생(서자)인 마여를 왕으로 추대하였다고 합니다.

오자도
고구려 남자들이 갖고 다니던 15센티미터 정도의 작은 칼로, 고기를 썰어 먹는 등의 용도로 주로 사용했다고 합니다.

판사 양측 변호인의 이야기 잘 들었습니다. 오늘은 시간이 다 되었네요. 못다 한 이야기는 다음 재판에서 들려주시기 바랍니다.

땅, 땅, 땅!

다알지 기자

　　오늘도 저는 대소왕 대 추모왕의 두 번째 심리가 끝난 한국사법정에 나와 있는데요. 오늘 재판에서 가장 기억에 남는 것은 증인 소서노가 추모왕의 생애와 업적에 대한 과장된 기록이 정치적 목적에 의한 것이었다고 말한 부분입니다. 이번 재판에서 원고 측 주장의 핵심은 대소왕이 정치를 잘해서 부여가 강대국이었다는 건데요. 이에 대해 피고 측에서는 부여가 고구려에 비해 발전하지 못했고, 크게 성장한 고구려가 역사에 미친 공이 크다며 반박하였습니다. 그럼 이번 재판의 변호를 맡은 양측 변호사들을 만나 오늘 재판에 대해 어떻게 느꼈는지 인터뷰해 보겠습니다.

이대로 변호사

　오늘 재판에서는 기자님이 말씀하신 것처럼 증인 소서노의 활약이 대단했습니다. 한국사를 대표하는 여걸답게 원고 측의 억지스런 주장을 한 방에 날려 보냈지요. 추모왕과 소서노는 모두 정치가인데 이들이 나라를 잘 다스리기 위해 다소 과장되게 선전한 것을 무조건 잘못이라고 할 수는 없습니다. 원고 측이 이런 억지 주장만을 남발한다면 이번 판결은 너무도 뻔할 것입니다.

오진실 변호사

오늘 재판에선 제 준비가 부족했습니다. 피고 측이 저렇게 오리발을 내밀 줄은 미처 예상하지 못했지요. 대소왕이 다스리던 시절 부여가 고구려보다 강대한 나라였다는 것은 피고 측도 인정하지 않았습니까? 그럼에도 불구하고 결국 약해졌느니 어쩌느니 하면서 부여를 비난하는 태도는 정말 못 봐 주겠더군요. 다음 재판에는 비장의 무기가 준비되어 있으니 기대해 주시기 바랍니다. 피고 측의 잘못을 명백하게 조목조목 밝히겠습니다.

왜 부여 대소왕은 억울하다고 할까?

부여 시기의 유물에는
어떤 것이 있을까?

고조선이 멸망할 무렵 부여는 만주 일대에서 부강한 나라였습니다. 특히 목축이 발달해서 높은 관리의 이름에 가축 이름을 붙이기도 하였지요. 또한 고조선보다 엄격한 법을 정해 나라를 다스렸습니다. 이런 부여의 유물에는 어떤 것이 있을까요? 당시 한반도와 만주 지역에서 사용되었던 유물을 알아봅시다.

부여의 신마 허리띠고리와 호랑이 모양 허리띠고리

부여의 허리띠고리에는 '신마'라 불리는 명마의 품종을 배출했던 부여의 장식품답게 말과 닮은 동물이 새겨져 있습니다. 오른쪽의 유물은 청동으로 만들어진 호랑이 모양 허리띠고리로, 경북 경주의 사라리 무덤에서 발굴된 것입니다. 기원후 1~2세기경에 만들어진 것으로 보이며, 동물 모양의 장식을 넣어 부여와 비슷한 양식을 가진 것을 확인할 수 있습니다.

철제 무기

기원전 2세기경부터 494년까지 있었던 부여는 중국의 철기 문화의 영향을 받게 됩니다. 주위의 나라들과 힘의 균형을 유지해야 했던 부여에선 따라서 농사를 짓는데 쓰이는 농공구 외에 철로 칼, 투겁창, 꺽창 등의 무기가 제작되었지요. 이 중 투겁창은 투겁에다 긴 자루를 끼워 쓰는 창을 말하고, 꺽창은 긴 자루에 날을 직각으로 매달아서 찌거나 베는 데쓰는 무기를 말합니다. 특히 물고기를 잡는 작살에서 유래된 투겁창은 주로 찌르는 무기로 이용되었습니다. 이외에도 안장, 발걸이, 말방울 등말을 위한 철제 말갖춤도 제작되었지요.

청동 거울

부여인은 넓은 땅을 이용해 목축도 많이 했지만 농업도 중요시했습니다. 따라서 부여와 한반도의 여러 부족 국가들은 호미, 괭이, 낫, 반달칼과 같은 농공구가 발달했지요. 이런 농공구가 발달한 시기에 발견되는 유물로는 청동 거울이 있답니다. 유리로 만든 거울 이전에 사용된 청동 거울은 '동경'이라고도 해요. 주로 원형을 띄고 있으며 반들반들한 앞면과 손잡이가 있는 뒷면으로 이루어져 있습니다. 뒷면에는 꽃이나 동물 등 여러 무늬를 새겨 넣은 것이 특징이지요. 사진 속 유물처럼 청동 거울은 크기도 다양했답니다.

출처: 국립중앙박물관(www.museum.go.kr)

대소왕을 왜
나쁜 임금이라고 할까?

1. 대소왕은 부여의 전성기를 이끈 영웅이었을까?
2. 부여의 역사는 어떻게 왜곡되었을까?

1

대소왕은 부여의 전성기를
이끈 영웅이었을까?

판사　그럼 대소왕 대 추모왕의 마지막 날 재판을 시작하도록 하겠습니다. 원고 측 변호인, 먼저 변론하시겠습니까?

오진실 변호사　존경하는 판사님, 그리고 배심원 여러분! 원고인 대소왕이 가장 억울하게 생각하는 것은 왜 자신이 후손들에게 질투의 화신이나 나쁜 임금으로 비춰지고 있느냐 하는 점입니다. 원고는 역사공화국 영웅 마을에 들어가는 것까지는 바라지도 않습니다. 다만 적어도 부여의 전성기를 이끈 왕으로 정당하게 평가받기를 원하고 있지요. 그런데 대소왕에게 나쁜 왕이라는 오명을 심어 준 것은 다름 아닌 피고와 그의 후손들이었습니다.

판사　피고와 그 후손들이 구체적으로 어떻게 원고를 나쁜 사람으로 만들었습니까?

오진실 변호사　　첫날 재판에서 원고가 피고를 질투했다
는 주장이 거짓임이 이미 밝혀졌다고 생각되므로 그 문제
는 생략하겠습니다. 그런데 고구려의 기록을 참고한『삼국
사기』에도 대소왕은 아주 바보스럽고 탐욕스러운 침략자
로 등장합니다.

판사　　『삼국사기』에 나오는 내용을 설명해 보세요.

오진실 변호사　　네, 판사님. 기원전 1년, 대소왕은 고구려에 사신을
보내 인질을 교환하기를 요청했지만 고구려는 이를 거절했습니다.
이때 대소왕은 5만의 대군을 보내 고구려를 응징하고자 했습니다.
당시 고구려 유리왕이 동원한 최대 병력이 2만 명임을 고려하면 대
소왕 때 부여는 정말 강한 나라였던 거죠. 작은 나라가 큰 나라를 섬
기는 것은 국제 관계에서 자연스러운 일입니다. 그러니 단지 이것을
놓고 부여가 탐욕스럽다고 해서는 안 될 것입니다. 고구려도 4세기
말 신라에 인질을 요구해서 실성, 복호 등을 붙잡아 둔 일이 있었으
니까요.

　　한편 9년에 대소왕이 다시 고구려에 사신을 보내 부여를 섬기라
고 했을 때 고구려 유리왕은 당연하다고 여겨 이를 받아들이고자
했습니다. 이것은 당시 양국 관계에서 매우 자연스러운 일이었으니
까요. 그런데 문제는 고구려 무휼 왕자, 즉 대무신왕이었습니다.

판사　　왜 대무신왕이 문제였다는 건가요?

오진실 변호사　　대무신왕은 원고가 피고를 시기해 그를 부여 왕실
의 마구간지기로 만들어 욕보였다고 비난했습니다. 뿐만 아니라 부

대무신왕
유리왕의 아들로 고구려 제3대
왕(재위 18~44)입니다.

여가 고구려를 공격하면 부여도 성치 못할 것이라며 전쟁도 불사할 것을 선언했지요. 도리어 부여를 협박한 것입니다. 그러니까 부여와 고구려의 양국 관계를 나쁘게 만든 원인은 바로 대무신왕이었던 것입니다. 그는 진정으로 전쟁을 원했던 전쟁광이었습니다. 반면 원고는 양국 간의 힘의 질서에 따른 평화로운 관계를 원했지요.

대무신왕은 또 부여를 비방하는 역사 기록을 남기기도 했는데요. 20년에 원고는 머리가 하나요 몸이 둘인 희귀한 붉은 까마귀를 사신과 함께 고구려에 보낸 적이 있습니다. 그런데 고구려는 이를 두고 붉은색이 남쪽의 나라 고구려를 의미하니 붉은 까마귀는 고구려가 부여를 통합할 것임을 알리는 상징이라고 역사서에 기록했습니다. 그것도 모르고 고구려에 붉은 까마귀를 보낸 부여 대소왕은 어리석은 왕이라고 비방도 했지요. 이 내용이 『삼국사기』에 전해 오는데, 이것은 고구려에서 부여를 비방하기 위해 만든 거짓된 선전에 불과합니다.

이대로 변호사 　판사님, 원고 측 변호인이 아주 소설을 쓰는 것 같습니다. 원고가 평화를 원했던 분이라고요? 흥. 그 평화는 과연 누구를 위한 평화였을까요? 그것은 부여가 고구려 위에 군림하기 위한 평화였습니다. 대무신왕은 고구려의 당당한 자주 외교를 위해 올바른 말을 한 것입니다. 스스로 주인이 되어 살려는 고구려를 침략한 것은 바로 부여 대소왕이었습니다.

오진실 변호사 　아닙니다, 판사님. 국제 질서를 어기고 먼저 부여에 대들어 싸움을 만든 것은 고구려 대무신왕이었습니다. 사신을 보내

　왜 부여 대소왕은 억울하다고 할까?

양국 관계를 늘 평화롭게 유지하고자 노력했던 사람이 원고였고요.

이대로 변호사 그것이 어찌 평화란 말입니까? 원고는 고구려를 핍박했습니다. 이를 견디다 못해 고구려가 주변 여러 부족과 힘을 모아 부여의 횡포에 대항했고, 마침내 22년 원고를 죽이는 승리를 거둔 것입니다. 고구려를 무시했던 부여 왕에 대한 당연한 응징이었던 셈이지요.

오진실 변호사 고구려가 원고를 죽였다는 사실 하나만으로 승리를 자축하다니, 참 말도 안 되는 소리입니다. 21년, 고구려가 군대를 내어 부여를 향해 진격해 온 것이 기록에도 남아 있습니다. 괴유, 마로 등 본래 대무신왕의 부하가 아닌 여러 세력의 힘을 끌어 모아 부여로 진격해 왔지요. 그러나 이들을 상대로 원고는 효과적인 작전을 준비하고 있었습니다. 고구려군이 진흙 수렁으로 둘러싸인 평지에 진영을 치고 안이하게 쉬고 있을 때, 원고는 이를 정확히 파악하여

기습 공격을 명했지요.

원고는 직접 군사를 지휘하여 고구려군을 공격하다가 불행히도 고구려의 용병 대장 괴유의 칼에 목숨을 잃게 되었습니다. 원고는 용감하게 적과 싸우다가 장렬히 전사한 훌륭한 왕입니다. 후대 어떤 왕이 이렇게 용감히 전쟁에 나가 싸우다 죽었습니까? 겨우 백제의 성왕 정도일 것입니다. 조선 시대 왕들은 전쟁이 나면 오히려 도망치기 바빴으니, 원고의 이 같은 용맹함은 참으로 훌륭하다고 할 만하지요.

이대로 변호사   용맹한 왕 좋지요. 하지만 괴유의 공격을 받아 원고는 죽었습니다. 왕이 죽으면 진 거지요. 장기를 둘 때 왕이 잡히면 지는 것과 마찬가지로!

오진실 변호사   장기 놀이하고 진짜 전쟁이나 정치는 다르지요. 원고가 갑자기 죽는 바람에 후계자를 선정하지 못해 부여에 내분이 생기고 국력이 약해진 것은 매우 유감스러운 일입니다. 사실 원고가 미리 짜 놓은 작전에 말린 고구려군은 여러 겹으로 포위되어 도망갈 수도 없었습니다. 식량도 다 떨어져 어쩔 줄 몰랐지요. 그때 고구려군은 항복 외에 선택할 길이 없었습니다.

판사   원고의 전략 덕분에 부여가 고구려의 항복을 받아 냈군요?

오진실 변호사   그렇지는 않았습니다. 이때 부여에 아쉬운 일이 벌어졌습니다. 바로 안개가 이레 동안이나 짙게 끼었다는 점입니다. 고구려군은 그 틈을 타 가짜 허수아비를 세워 놓고 무기와 장비를 버리고 도망쳤습니다. 어쨌든 고구려군은 부여에 크게 패했던 것입

왜 부여 대소왕은 억울하다고 할까?

니다. 고구려 대무신왕 역시 전쟁에서 실패한 것을 자기 잘못으로 돌리며 후회한 바 있지요. 그럼에도 불구하고 부여가 다 이긴 전쟁을 고구려가 이긴 것처럼, 용감한 원고를 죽인 고구려를 마치 착한 나라인 것처럼 역사를 왜곡한 것은 분명히 고구려 사람들의 잘못입니다.

이대로 변호사　　부여도 역사 기록을 남겼으면 됐을 것을 왜 못 남겨놓고 고구려를 탓하는 것인지 모르겠네요. 기록을 남기지 않은 부여의 잘못은 하나도 없을까요? 원고 측은 언제까지 남의 탓만 하고 있을 건지 이해할 수 없습니다.

판사　자, 두 분 변호사 모두 진정하시고 지나친 감정 표현은 자제해 주세요. 이제 고구려가 부여의 역사를 어떻게 왜곡했는지 구체적으로 살펴보면 좋겠군요.

　왜 부여 대소왕은 억울하다고 할까?

부여의 역사는
어떻게 왜곡되었을까?

오진실 변호사   판사님, 피고 추모왕은 첫날부터 아버지가 누구냐는 질문에 답변을 머뭇거렸습니다. 그것은 그의 족보가 조작되었기 때문입니다.

이대로 변호사   판사님, 피고의 아버지가 해모수라는 것은 누구나 아는 사실입니다. 해모수는 부여의 건국 시조이고요. 광개토대왕릉 비문에도 피고의 아버지가 북부여 천제라고 되어 있습니다.

오진실 변호사   판사님, 피고의 아버지 이름이 해모수인지, 아닌지는 중요하지 않습니다. 어차피 광개토대왕릉 비문에도 해모수는 등장하지 않고, 『위서』와 같이 시대가 앞선 중국 측 자료에도 마찬가지입니다. 고려 시대에 쓰인 『삼국사기』, 『동국이상국집』의 「동명왕편」, 그리고 『삼국유사』에만 등장할 뿐이지요. 해모수란 이름은 고

나는 해모수로 부여의 건국 시조라 불리기도 하지.

그럼 당신이 나의 아버지 이신가요?

중요한 건 그게 아니라고!

구려 후손들이 이름을 붙인 것이라고 볼 수 있으니 뭐, 그렇다고 칩시다. 어차피 피고의 아버지는 고구려의 가장 큰 축제인 동맹 행사에서도 언급되지 않는 인물 아닌가요? 어떻게 고구려 사람들이 어머니 유화 부인과 아들 추모왕은 각각 부여신, 고등신으로 섬기면서 아버지를 쏙 빼놓을 수 있었을까요? 피고의 아버지가 뭔가 이상하다는 증거겠지요.

이대로 변호사는 해모수가 고구려에서 그다지 중요하게 여겨지

왜 부여 대소왕은 억울하다고 할까?

지 않았다는 오진실 변호사의 말을 듣고 깜짝 놀라 추모왕을 바라보았다. 추모왕은 입술을 굳게 다문 채 눈을 감고 조용히 앉아 있었다. 초조해진 이대로 변호사는 반론 자료를 찾으려고 서류를 뒤적였다.

오진실 변호사 해모수의 이름보다 중요한 것은 과연 그의 신분이 부여의 건국 시조인가 아닌가 하는 문제입니다. 즉 피고가 부여 건국 시조의 아들이라면 피고는 부여의 진정한 계승자가 됩니다. 또 해부루-금와왕-대소왕의 부여 외에도, 해모수-추모왕의 부여, 즉 두 개의 부여가 존재하는 셈이 되고요. 나아가 해모수를 해부루의 아버지로, 추모왕을 해부루의 이복형제로 기록한 것도 보입니다. 원고와 연배가 같은 피고가 어찌 할아버지에 해당하는 해부루와 형제가 될 수 있습니까? 이런 엉터리 족보가 탄생하게 된 것은 고구려에서 피고의 아버지를 조작했기 때문입니다. 그 결과 부여 역사마저 왜곡하게 된 것이고요.

판사 족보가 이상하긴 하군요.

오진실 변호사 그뿐만이 아닙니다. 진짜 문제는 피고가 동명왕이라고 불린다는 점입니다.『삼국사기』와『삼국유사』,『동국이상국집』의「동명왕편」에는 추모왕이 아닌 동명왕이란 이름으로 고구려 시조를 기록하기도 했지요. 그런데 동명왕은 고구려의 시조가 아닙니다. 동명왕은 피고와는 전혀 다른 사람입니다.

판사 아니, "고구려 세운 동명왕, 백제 의자왕, 알에서 나온 혁거세~" 하는 노래도 있지 않습니까? 그런데 동명왕과 추모왕이 다르다니, 근거가 무엇입니까?

오진실 변호사 판사님, 이미 제가 증빙 자료 2를 제출했는데 아직 못 보셨습니까?

판사 자료가 많다 보니…… 아, 여기 있군요. 어디 봅시다.

오진실 변호사 증빙 자료 2를 보면 두 사람이 나라를 세우는 이야기가 비슷한 듯하면서도 다르다는 것을 한눈에 알 수 있을 것입니다.

판사 음. 그렇다면 동명왕은 부여의 건국 시조이고 피고는 고구려의 건국 시조라는 말이로군요.

구분	동명왕	추모왕
출생지	탁리국(고리국)	부여국
어머니	탁리국 왕을 모시는 여자 시종	유화 부인
어머니의 임신	하늘에서 내려온 달걀 같은 기운	유화 부인을 쫓아온 햇빛
탄생 상황	일반 아이와 같이 태어남	큰 알에서 태어남
시기한 상대	왕위를 빼앗길까 봐 왕이 죽이려 함	부여의 왕자들이 시기함
도망간 방향	남쪽으로 도망	동남쪽으로 도망
건너간 강 이름	엄체수, 시엄수, 엄수, 엄표수	보술수, 엄체수, 엄호수, 엄리대수
건국한 국가	부여	고구려
기록된 책들	논형, 위략, 수신기, 양서, 수서, 북사, 법원주림 등	광개토대왕릉 비문, 위서, 삼국사기, 동명왕편, 삼국유사, 주서, 통전 등
공통점	짐승의 보호를 받음. 활을 잘 쏘고 말을 기름. 자라와 물고기의 도움을 받아 강을 건넘. 기본적인 이야기 구조가 같음	

왜 부여 대소왕은 억울하다고 할까?

이대로 변호사   고구려의 건국 이야기는 널리 알려졌는데 갑자기 부여의 건국 이야기라니…… 판사님, 부여에서 고구려의 건국 이야기를 베낀 것으로 생각합니다.

오진실 변호사   절대로 그렇지 않습니다. 오히려 부여의 건국 이야기를 고구려에서 베낀 것이 확실합니다. 부여의 건국 신화가 담긴 최초의 서적은 1세기에 후한 사람 왕충이 쓴『논형』입니다. 이 책의 「길험편」에는 부여의 건국 시조인 동명왕에 대한 이야기가 자세히 적혀 있습니다. 또 다른 부여 건국 이야기가 실린『위략』도 3세기에 만들어진 책입니다. 그런데 고구려 건국 이야기는 이보다 한참 늦은 414년 광개토대왕릉 비문에 처음 나오고 있습니다. 그렇다면 부여의 건국 신화를 고구려가 베낀 것이라는 사실이 너무도 분명하게 드러나는 것 아니겠습니까?

판사   그렇군요. 그런데 왜 고구려가 부여의 건국 신화를 베낀 걸까요?

오진실 변호사   존경하는 판사님, 이에 대한 진실을 밝히고자 증인으로 고구려 장수왕을 신청했으니 불러 주시기 바랍니다.

판사   좋습니다. 증인 장수왕은 나와서 선서해 주세요.

장수왕   나는 진실만을 말할 것을 선서합니다.

판사   원고 측 변호인, 신문 시작하세요.

오진실 변호사   귀하는 광개토대왕의 아들로 412년부터 491년까지 고구려 제20대 임금을 지내셨지요? 광개토대왕이 돌아가시자 414년에는 아버지의 무덤을 완성하고 무덤 곁에 비석을 세워 비문

작성을 지시하셨고요. 맞습니까?

장수왕 그렇습니다.

오진실 변호사 그렇다면 비문의 내용은 모두 증인께서 검토하고 최종 승낙하신 것이 맞습니까?

장수왕 물론입니다.

오진실 변호사 그럼 비문 첫 부분에 적힌 고구려 건국 이야기를 잠깐 읽어 보겠습니다.

옛적 시조 추모왕이 나라를 세웠는데, 북부여에서 태어났으며 천제의 아들이었고 어머니는 하백의 따님이었다. 알을 깨고 세상에 나왔는데 태어나면서부터 성스러운 ×××이 있었다. 길을 떠나 남쪽으로 내려가는데 부여의 엄리대수를 거쳐 가게 되었다. 왕이 나룻가에서 "나는 천제의 아들이며 하백의 따님을 어머니로 한 추모왕이다. 나를 위하여 갈대를 연결하고 거북이 무리를 짓게 하여라"라고 하였다. 말이 끝나자마자 곧 갈대가 연결되고 거북 떼가 물 위로 떠올랐다. 그리하여 강물을 건너가서 비류곡 홀본 서쪽 산 위에 성을 쌓고 도읍을 세웠다. 왕이 왕위에 싫증을 내니 하느님이 보낸 황룡이 내려와서 왕을 맞이하였다. 이에 왕은 홀본 동쪽 언덕에서 용의 머리를 디디고 서서 하늘로 올라갔다.

자, 증인, 이 말이 진실입니까? 앞서 증인 소서노 씨처럼 '정치가 뭔지 알아?' 하고 되묻지 마시고요.

왜 부여 대소왕은 억울하다고 할까?

장수왕　　진실이든 아니든 이 이야기는 고구려 사람들의 믿음을 표
현한 것입니다. 나의 아버지 광개토대왕께서는 사방의 적들을 물리
치고 고구려를 천하에서 가장 신성한 땅이자 세상의 중심으로 만드
셨지요. 또 우리 고구려인들은 누구나 고구려의 신성한 시조이신 추
모왕을 신으로 모시고 섬겨 왔습니다. 고구려는 천신의 아들이 세운
나라이기 때문에 영원히 번영을 누릴 수밖에 없다는 자신감을 가졌
던 것이지요. 도리어 추모왕을 위한 찬사를 더 올리지 못한 것이 죄
송스러울 따름입니다.

오진실 변호사　비문의 내용 가운데 거북의 등을 밟고 엄리대수를 건너는 부분 등은 부여의 건국 이야기에서 그대로 따온 것이 맞지요? 증인은 이를 알고 있었고요.

장수왕　부여와 고구려 사람들은 같은 언어를 쓰고, 같은 풍습을 가진 사람들입니다. 그런데 당시 부여는 고구려에 거의 흡수되어 멸망한 것이나 다름없었고, 겨우 일부만이 남아 있었습니다. 부여 사람들에게 동명왕이 건국 시조로서 신성하게 숭배되고 있었다는 것은 저도 잘 알고 있었지요. 하지만 부여 사람들이 고구려인이 되려면 고구려의 건국 시조를 신으로 받아들여야 하지 않겠습니까? 그래서 부여의 건국 이야기를 가져와서 추모왕 이야기에 덧붙여 설명하곤 했지요. 그건 내가 왕이 되기 전부터 왕실에서 전해져 왔고 저잣거리에서도 이야기꾼들이 추모왕 이야기를 이렇게 꾸미곤 했습니다. 추모왕은 죽어도 죽은 것이 아니고, 천신의 자식답게 다시 황룡을 타고 천상으로 올라가 영원히 고구려를 돌보아 주고 계시다는 것을 우리 모든 고구려인들은 믿었던 것입니다.

오진실 변호사　사람이 죽지 않고 용을 타고 올라간다는 것을 믿다니, 고구려 사람들은 어리석었군요.

이대로 변호사　판사님, 이의 있습니다. 지금 원고 측 변호인은 고구려 사람들이 어리석다고 하였는데, 그럼 기독교를 믿는 사람들은 다 어리석은 사람들입니까? 예수님이 죽지 않고 부활했다고 믿는 것이나 추모왕이 승천했다고 믿는 것은 똑같은 것입니다. 고구려 사람들에게 피고는 예수님과 같은 분이었습니다. 그건 고구려 사람들

의 신앙이었던 것입니다. 그것을 놓고 옳다 그르다 평가할 수는 없습니다.

판사 인정합니다. 원고 측 변호인은 주의해 주시기 바랍니다.

오진실 변호사 제가 조금 경솔하게 말했던 것 같습니다. 하지만 증인께서는 고구려인의 그러한 신앙으로 말미암아 부여의 건국 이야기가 고구려 건국 이야기로 둔갑하고 그럼으로써 부여의 역사가 가려진 것에 대해 책임이 있다고는 생각하지 않으십니까?

장수왕 어느 정도 인정합니다. 하지만 역사는 승자의 것입니다.

길가메시 이야기
기원전 2000년경 수메르 인이 쓴 것으로 세계에서 가장 오래된 문학 작품으로 알려져 있습니다. 우르크의 왕이었던 길가메시가 겪은 전설적인 모험 이야기인데, 홍수 이야기도 여기에 수록되어 있답니다.

영락
고구려 광개토대왕 때의 연호입니다.

왜 고구려가 부여의 건국 이야기를 고구려 이야기로 바꿔야 했는지 생각해 주시기 바랍니다. 우리는 부여 사람들을 고구려인으로 완벽하게 끌어들이고자 부여 사람들의 신앙을 적극적으로 흡수한 것입니다. 고구려와 같은 사례는 전 세계에서 매우 흔히 벌어지는 일이었고요.

이대로 변호사　맞습니다. 이스라엘 사람들이 말하는 노아의 홍수 이야기도 본래는 수메르의 길가메시 이야기에서 비롯한 것임을 잘 알고 계실 것입니다. 마찬가지로 남의 이야기를 모방한 것이 고구려만의 잘못이라고 말하기는 어렵습니다.

오진실 변호사　판사님, 모방만 하면 그래도 낫습니다. 광개토대왕릉 비문 가운데 영락 20년인 410년의 기록은 해도 해도 너무합니다. 이것도 거짓이지만 어쩔 수 없었다고 변명하실지 모르겠네요. 제가 읽어 보겠습니다.

　　동부여는 옛적에 추모왕의 속민이었는데 중간에 배반하여 고구려에 조공하지 않게 되었다. 왕이 친히 군대를 끌고 가서 토벌하였다. 고구려군이 부여의 도성에 도달하자 동부여의 온 나라가 놀라 두려워하며 투항하였다. 왕의 은덕이 동부여의 모든 곳에 두루 미치게 되었다. 이에 개선을 하였다.

　　아무리 고구려가 동부여를 제압하고 더 나아가 거의 멸망시켰다고 하더라도 이렇게 역사를 왜곡할 수가 있습니까! 언제 동부여가 옛적 추모왕의 속민이었습니까? 자, 이 자리에 계신 피고, 동부여를 속민으로 삼으신 적 있으십니까? 말씀해 보세요. 우리 원고는 이 글을 보면 무려 1600년이 지난 지금도 화가 치민다고 합니다. 피고 추모왕은 답변해 주시지요.

추모왕　　뭐라고 말해야 할지…….

판사　　피고는 답변해 주시기 바랍니다.

추모왕　　그건 내가 쓴 글이 아니라서…….

오진실 변호사　　지금 문제는 이 글을 누가 썼느냐가 아니라, 글의 내용이 사실인지 아닌지를 확인하고자 하는 것입니다. 글의 내용이 사실입니까, 아닙니까? 간단히 예, 아니오로만 답하세요.

추모왕　　그건…… 사실이 아닙니다. 후손들이 좀 과장해서 그렇게 말을 꾸민 것입니다.

오진실 변호사　　피고가 속 시원히 답변을 하지 못하는 이유는 대체 무엇인가요?

추모왕　　여기 역사공화국에서도 나는 고구려인들에게 고등신으로 섬겨지고 있습니다. 그런데 이제 와 내 입으로 후손들이 말하는 것들이 사실이 아니라고 말하기는 좀 곤란하군요.

판사　　좋습니다. 피고는 잠시 후 최후 진술에서 좀 더 말씀해 주십시오. 원고 측 변호인, 증인 신문을 계속하시겠습니까?

오진실 변호사　　네. 증인은 동부여 관련 기록이 과장되었음을 인정하고 부여 사람들에게 잘못을 사과하시겠습니까?

장수왕　추모왕께서 직접 기록이 잘못되었다고 말씀하셨으니, 저도 거짓을 과장해 비문에 적게 한 것에 대해 잘못을 인정하겠습니다. 하지만 지난 재판에서 소서노 님이 말씀하였듯이 정치란 반드시 진실만을 말하는 것이 아닙니다. 나는 아버지 광개토대왕의 업적을 기리려고 동부여 정벌 내용을 기록할 수밖에 없었고 그 가운데 다소 과장이 있었습니다. 하지만 나는 고구려 사람들에게 동부여를 정벌하는 것이 지극히 당연한 일임을 알릴 필요가 있었기에 예부터 동부

　왜 부여 대소왕은 억울하다고 할까?

여가 고구려의 속민이었다는 글을 남긴 것입니다. 여하튼 그것은 사실을 과장한 정치 선전이었습니다.

오진실 변호사　그렇다면 그러한 정치 선전 때문에 부여의 역사가 왜곡되었으니 그에 대한 책임도 고구려에서 져야 하지 않겠습니까?

장수왕　반성하겠습니다. 아버지를 드높이는 것과 고구려의 영광만을 위해 부여를 배려하지 못한 점 사과드립니다.

오진실 변호사　좋습니다. 그럼 이것으로 증인 신문을 마치도록 하겠습니다.

판사　이대로 변호사, 반대 신문 또는 이의 제기 하시겠습니까?

이대로 변호사　아닙니다.

판사　원고 측 주장대로 고구려가 부여 역사를 왜곡했다는 사실을 피고 측이 인정했습니다. 이 부분은 최종 판결에 반영될 것입니다. 하지만 원고가 주장한 것들 가운데 아직 충분한 증거를 제시하지 못한 것도 있습니다. 이제 시간이 오래 흐른 만큼 잠시 휴정하고, 원고와 피고 두 사람의 최후 진술을 듣는 것으로 하겠습니다.

동부여와 북부여, 부여

『삼국사기』와 『삼국유사』 등에는 부여를 부여, 동부여, 북부여 등 다양하게 표현하고 있습니다. 북부여는 해모수가 세웠고, 동부여는 해부루가 동쪽으로 나라를 옮기면서 건국된 것으로 보거나 기원전 시기부터 북부여와 동부여가 따로 존재했을 것으로 보기도 합니다.

그러나 현재 우리나라의 여러 학자는 북부여가 곧 부여이며, 지린, 눙안 지역에 있다가 494년 고구려에 의해 멸망한 나라라고 봅니다. 또한 동부여는 285년에 모용 선비의 공격을 받아 왕실의 일부가 동쪽으로 이동하여 나라를 건국했다가 410년 고구려 광개토대왕에 의해 멸망한 것으로 봅니다. 여기서는 이 견해를 따랐습니다.

왜 부여 대소왕은 억울하다고 할까?

다알지 기자

저는 지금 대소왕 대 추모왕의 마지막 재판
이 열리는 한국사법정에 나와 있습니다.

오늘 재판에서 피고 측은 부여의 역사가 덜 알려
지고 대소왕이 나쁜 임금으로 남게 된 것은 부여가 기록을 남기지 않
았기 때문이라며, 단지 고구려 탓으로만 돌려서는 안 된다고 하였습니
다. 이에 원고 측은, 고구려가 부여의 건국 이야기를 베껴 자기 것으로
바꾸려고 했다는 놀라운 사실을 밝혔습니다.

한편 증인으로 나온 고구려 장수왕은 정치 선전을 위해 부여 역사
를 왜곡한 바 있다며 반성하겠다고 발언해서 법정을 놀라게 했는데요.

오늘은 이 재판을 죽 지켜본 두 분의 방청객으로부터 재판에 대한
소감을 들어 보도록 하겠습니다.

괴유

　　나는 고구려의 용병 대장으로 대소왕을 죽인 괴유라고 합니다. 대소왕은 분명 나에게는 적이었지만, 당시 그가 최강의 부여를 이끈 영웅이라는 점은 나도 인정합니다. 하지만 대소왕의 죽음으로 부여가 약해진 것 또한 사실입니다. 이것이 오늘날까지 부여 역사가 널리 전해지지 못한 가장 큰 이유이겠지요. 그런 점에서 나는 대소왕과 부여 대해 미안한 마음이 남아 있습니다.

　　고구려가 부여 역사를 제대로 남기지 않고 고구려 역사인 양 가로챈 것은 분명 사과해야 한다고 봅니다. 다만 부여도 자기 역사를 제대로 남기지 못했으니 무조건 고구려 탓만 해서는 안 되겠지요.

　　왜 부여 대소왕은 억울하다고 할까?

대조영

　나는 고구려를 계승하여 발해를 세운 대조영입니다. 발해는 고구려뿐만 아니라 부여의 풍습도 계승했다고 주변 나라에 널리 선전한 바 있습니다. 발해 사람들 가운데 스스로를 부여의 후예로 여긴 사람도 많았지요. 또 부여는 비록 494년에 멸망하고 말았지만, 부여의 유민 가운데 일부는 더 북쪽으로 이동하여 두막루라는 나라를 세워 8세기까지 존재했습니다. 강력한 나라였던 부여가 결코 하루아침에 사라질 리 없었지요.

　나는 이 재판에서 어느 편도 아니고 다만 옛일을 배우기 위해 왔습니다. 고구려와 부여 모두 나에게는 소중한 조상님들의 나라이니까요.

부여의 잃어버린 역사를 회복하라!

vs

고구려는 꿈과 희망으로
가득한 나라다!

판사 자, 마지막으로 당사자의 목소리를 들어 볼까요? 배심원단은 물론이고 제가 작성하게 될 판결문에 영향을 미치게 될 발언이니 원고와 피고는 주의해서 발언해 주십시오. 이 시간이 지나면 더 하고 싶은 말이 있어도 못 합니다. 그럼 원고가 먼저 시작하세요.

대소왕 이번 재판을 통해 나는 부여의 역사를 제대로 기록으로 남기지 못한 책임을 크게 느끼게 되었습니다. 그리고 부여의 역사 기록이 사라진 것을 고구려 탓으로만 돌린 것은 내가 고구려를 시기했기 때문이라는 점도 인정합니다. 하지만 부여에서 갈라진 고구려가 부여의 역사를 왜곡하고 축소했다는 사실은 추모왕도 부정할 수 없을 것입니다. 내 후손들이 잘못하여 부여가 고구려에 당했고 마침내 멸망했다는 것이 이렇게 비참한 결과를 가져왔지요.

앞서 증인 장수왕이 이야기하였듯이 내가 다스리던 당시 부여가 고구려보다 훨씬 강한 나라였음에도, 고구려인들은 역사를 왜곡하여 부여가 본래 고구려의 속민이었다고 엉뚱하게 주장했습니다. 그뿐만 아니라 부여의 시조인 동명왕의 이야기를 피고인 추모왕을 드높이는 데 갖다 붙여 우리 부여의 역사를 빼앗으려고 했지요.

무엇보다 부여의 전성기를 만들었던 나를 질투의 화신, 못된 임금 등으로 몰아세우는 데 급급하여 역사는 나를 제대로 평가하려고 하지 않았습니다.

부여가 고구려보다 먼저 멸망했기 때문에, 또 부여가 후기에는 고구려보다 약한 나라였기 때문에 부여는 고구려가 역사를 왜곡하고 빼앗는 것을 막지 못했습니다.

존경하는 판사님, 부디 지금이라도 고구려가 왜곡하고 빼앗은 부여의 역사를 바로잡을 수 있도록 추모왕과 그의 후손들에게 반성할 기회를 주시기 바랍니다.

추모왕 　먼저 이런 이유로 이 자리에 대소 형님과 나란히 서게 되었다는 점 부끄럽게 생각합니다. 내 후손들이 정치적 목적으로 나를 드높이고 그 과정에서 부여의 역사를 다소 왜곡했다는 것을 인정합니다. 하지만 자기 역사를 제대로 기록하지 않아 후손들에게 올바로 전하지 못한 책임은 분명 부여 사람들에게 있습니다. 역사는 승자의 편입니다. 물론 기록이 모두 사실은 아닙니다. 하지만 문제는 기록된 것을 맹목적으로 사실이라고 믿는 사람들의 편협한 시각이 아닐까 합니다. 기록이 어떻게 쓰였고, 어떤 의미를 전하려고 쓰인 것인지 글을 읽는 사람들이 주의 깊게 읽고 이해했다면 이번과 같은 소송은 없었을 것입니다.

굳이 말씀을 드리자면, 내가 부여를 떠나 고구려를 세운 이유는 부여에서 희망을 찾지 못했기 때문입니다. 시간이 지날수록 부여 땅은 기온이 떨어지면서 농사가 잘 안 되었습니다. 당시 부여가 큰 나라이기는 했지만 앞으로 더 발전할 가망은 적었습니다. 결국 부여는 후한, 위, 진 등 외세에 지나치게 의존한 나머지 모용 선비의 침략을 받고 멸망의 지경에 이르렀지요. 본래 속민으로 거느렸던 숙신의 후예 물길에게 침략을 받기도 했고요. 그렇게 차츰 약해진 부여와 달리 고구려는 꿈과 희망으로 가득한 나라였습니다. 비록 처음 고구려가 건국되었을 때는 약한 나라였지만, 강한 의지와 모두 '해 보자' 하는 도전 정신으로 강한 나라로 변해 갈 수 있었습니다. 그래서 내가 세운 고구려는 결국 부여를 능가하고 동북아시아 최강국 가운데 하나로 성장하게 되었지요. 이런 나라를 세운 나는 분명히 멋진 일을 했다고 자부합니다. 그것마저 부정당할 이유는 없다고 생각합니다.

만약 고구려가 없었다면 Korea도 없었을 것입니다. 부여의 역사를 왜곡했다고는 하지만 부여의 문화를 계승하여 더 크고 강한 나라를 만든 것은 고구려였습니다. 그리고 그 기틀을 바로 나, 추모가 세웠습니다. 내가 비난받아야 할 이유는 없지 않을까요? 이상입니다.

판사　　여기까지 달려오시느라 원고 측과 피고 측, 그리고 배심원단 여러분 모두 수고 많으셨습니다. 배심원단의 판결서는 4주 후에

제게 전달될 예정이며 저는 이를 참고하여 판결문을 공개하겠습니다. 그때까지 방청객 여러분도 이 사건에 대해 바른 판결을 내려 보시기 바랍니다.

　땅, 땅, 땅!

역사공화국 한국사법정 재판 번호 02 대소왕 vs 추모왕

주문

1. 역사공화국 한국사법정은 대소왕이 추모왕을 상대로 제기한 명예 훼손에 대한 손해 배상 청구가 이유 있음을 인정한다.
2. 역사공화국 한국사법정은 추모왕의 후손들에게 대소왕이 문제제기한 부여사 복원에 힘쓸 것을 권고한다.

판결 이유

　원고의 주장과 증인의 증언, 그리고 피고 스스로 일정 부분 인정한 바와 같이 피고 추모왕과 그 후손들이 원고의 나라인 부여의 역사를 왜곡한 것이 확인된 바다. 피고 측은 부여 역사를 왜곡하고 고구려 역사를 화려하게 만든 것이 정치적인 이유에서 어쩔 수 없는 선택이었다고 주장하나 그 행위 자체를 정당화할 수는 없다. 따라서 피고는 이 점을 반성하고 원고에게 깊이 사죄하여야 한다. 또한 피고 추모왕의 후손들은 고구려 역사에 가려진 부여 역사를 다시 복원할 의무가 있음을 밝힌다.

　피고가 부여의 배신자이며 부여사의 발전을 가로막은 자라는 원고의 주장은 기각한다. 피고가 부여를 탈출한 것은 충분한 이유가 있으며, 피고가 부여사의 발전을 막았다고 볼 근거는 부족하다. 또한 피고가 세운 고구려가 후대에 부여보다 훨씬 크게 발전하였고 한국사에 이바지한 바가 크므로 피고가 영웅 마을에서 쫓겨나야 할 이유는 없다고 판단된다.

아울러 원고는 부여의 전성기를 이끈 인물이라고 주장하며 패자들의 마을에서 벗어나기를 원하였으나 이에 대한 충분한 근거를 제시하지는 못하였다. 원고는 부여를 다스리던 시절이 부여의 전성기였다고 주장하였다. 그러나 원고가 고구려와의 전쟁에서 죽음을 당하여 부여가 약해진 것 또한 사실이므로 원고를 부여사의 영웅이라고 판단할 수는 없다. 따라서 이후 부여 역사가 복원되어 충분한 근거를 제시하기 전까지 원고가 패자의 마을에서 벗어날 이유는 부족하다고 판단된다.

본 법정은 고구려와 부여의 역사 갈등에 대한 해법으로 서로 입장을 바꿔 생각해 보기를 권고한다. 그리하여 원고와 피고가 화해하고 함께 역사를 빛내는 방향을 찾을 수 있기를 바란다.

역사공화국 한국사법정 담당 판사 정역사

"한국사의 진실, 밝히고야 말겠다!"

재판이 끝난 후, 오진실 변호사 사무실을 찾는 손님은 여전히 적다. 재판 과정에서 이대로 변호사에게 무식하다는 비판을 들은 터라 오진실 변호사는 시간이 날 때마다 역사책을 읽느라 바쁘다.

아침부터 여덟 시간 이상 역사책들을 읽으며 씨름하는 오진실 변호사. 벌써 퇴근 시간이 다 되어 간다. 피곤한 듯 목을 주무르고 눈을 비빈 오진실 변호사는 창문을 열고 밖을 내다보았다. 그런데 마침 누군가가 변호사 사무실 쪽으로 황급히 뛰어오는 모습이 보였다.

'혹시 내게 사건을 의뢰하려는 사람인가?' 오진실 변호사는 잔뜩 기대감을 품었다.

'똑똑.'

'호호. 드디어 사건 의뢰가 들어오는군. 지난번 재판을 멋지게 해

냈다는 칭찬을 들었으니 어쩌면 비슷한 사건 의뢰가 들어올지도 몰라.'

이렇게 생각하며 혼자 히죽대던 오진실 변호사는 신이 나서 사무실 문을 열었다.

"역사공화국 정부에서 왔소. 당신이 오진실 변호사요?"

"그런데요. 소송 의뢰라면 여기 앉으시지요."

"아니오."

"엥? 아니라면 왜 정부 관리가 날 찾아오신 건가요?"

오진실 변호사는 이 관리 나리가 찾아온 이유가 뭘까 곰곰이 생각했지만 딱히 떠오르지 않았다.

"당신이 지난번 대소왕의 의뢰를 받아 왜곡된 역사에 대해 열심히 변론한 것이 이곳에서 큰 화제가 되었다는 것을 알고 계시지요?"

"아, 뭐, 그렇다고 하더군요. 그런데요?"

"지금 역사공화국 법정에는 역사적 진실이 밝혀지기를 바라는 소송이 무려 1000건이나 쏟아져 들어왔소."

오진실 변호사는 매우 놀랐다.

'아니, 그렇게 많은 소송이 발생했다면서 왜 나에게는 소송 의뢰가 안 들어왔지? 이거 뭐야. 남 좋은 일만 시킨 거잖아.'

오진실 변호사는 크게 실망한 눈빛으로 옆 건물에 있는 이대로 변호사의 사무실을 바라보았다. 역시나 소송 의뢰인들로 사무실이 꽉 들어차 있었다.

"아니, 그런데 내게는 왜 한 건의 소송 의뢰도 안 들어오지요? 대체 이게 어찌 된 일입니까?”

“그건 말이죠······.”

오진실 변호사는 관리의 입을 똑바로 바라보았다. 뭔가 비밀을 말해 줄 것 같았기 때문이다.

“오진실 변호사가 무능해서 의뢰인이 없는 것이 아니라, 역사공화국에서 오진실 변호사를 세상에 다시 내려보내기로 결정했기 때문입니다. 그래서 오진실 변호사는 이제 역사공화국 법정에서 소송을 진행할 수 없게 되었습니다.”

“뭐라고요? 나보고 다시 지상으로 내려가라고요?”

“그렇습니다. 지금 지상에는 역사 왜곡 문제로 골치가 아픈 나라들이 많습니다. 오진실 변호사는 대한민국으로 가셔서 역사의 진실을 바로잡는 일을 해 주세요.”

“아니, 갑자기 저보고 다시 태어나서 무엇을 바로잡으라는 것입니까?”

“지금 고구려 역사가 한국사가 아니라 중국 역사라고 주장하는 사람들이 있습니다.”

“뭐라고요? 그게 말이나 됩니까? 고구려 역사야 당연히 한국사 아닙니까?”

“당연하다고 가만히 있어서는 안 되겠지요. 역사적 진실을 제대로 밝히고 알려서 역사 왜곡 문제로 인한 갈등을 없애야 합니다. 또 지금 일본이 독도는 자기네 땅이라고 우기는 탓에 한국과 일본 사이에도 역사 분쟁이 벌어지고 있습니다. 지상에서 할 일이 너무 많

습니다. 그래서 우리는 오진실 변호사를 다시 세상으로 보내기로 한 것입니다. 지상에 내려가면 귀하는 다시 변호사가 되거나 역사학자가 될 것입니다."

오진실 변호사는 역사 왜곡 문제는 과거에만 있었던 것이 아니라 현재도 진행 중이라는 사실을 새삼 깨달았다. 역사 왜곡 문제는 단지 상대를 비난만 해서는 풀리지 않으며 정확한 근거를 바탕으로 상대를 설득해야 하는 매우 힘든 일이라는 것도 잘 알고 있었다.

오진실 변호사는 결심을 굳힌 듯 말했다.

"네, 알겠습니다. 그럼 저를 지상으로 내려보내 주세요. 역사의 진실을 밝히고 바로잡는 일을 제대로 한번 해 보겠습니다. 지난 소송에서처럼 공부가 부족해서 상대 변호사에게 면박당하는 일은 앞으로 없을 것입니다."

"잘 결심하셨습니다. 그럼 당신은 내일 지상으로 내려갑니다. 귀하는 어린이의 몸으로 환생하게 될 것입니다. 그럼 지상에서의 활약을 기대하겠습니다."

고구려의 흔적을 찾아볼 수 있는 유적

부여와 고구려는 한반도 북쪽과 만주 지역에 위치한 나라로 한반도 남쪽에서 이 나라들의 흔적을 찾아보기란 쉽지 않습니다. 하지만 다행히도 고구려의 흔적을 찾아볼 수 있는 유적을 어렵게나마 만나볼 수 있습니다. 바로 서울 몽촌토성과 충청북도 남성골산성에서 말입니다.

서울 몽촌토성

3세기경에 만들어진 것으로 북쪽의 한강과 남쪽의 남한산성 사이에 자리 잡고 있습니다. 사실 몽촌토성은 고구려나 부여의 유물이 아닙니다. 백제 초기에 서울을 수비하려고 쌓은 토성이지요.

하지만 사적 제297호로 지정된 몽촌토성을 발굴하다 보니 특이한 형태의 유물이 많이 발견되었습니다. 조사 결과 성곽과 성 내부의 시설은 모두 백제때 축조되고 사용된 것이지만, 고구려의 온돌 건물이 확인되었고 고구려 토기도 다수 출토되었기 때문입니다. 토성 여기저기서 고구려의 ㄱ자형 온돌 고래와 굴뚝 시설이 확인되었

습니다. 또한 '넓은입긴목네귀달린 항아리' 및 '원통모양 세발토기' 등 고구려 중기 이후 토기들도 발견되었습니다. 15종류 320개가량이 출토되었는데 이는 출토된 백제 토기의 12 퍼센트에 달하는 양이지요. 이를 통해 고구려군이 상당 기간 몽촌토성 내에 거주했음을 추정할 수 있습니다.

찾아가기 서울특별시 송파구 방이동 일대

충청북도 남성골산성

지난 2001년에 발굴된 충청북도 청원군의 남성골산성은 고구려가 남으로 진출했던 흔적을 찾아볼 수 있는 곳입니다. 남성골산성에서는 토기를 구워 냈던 가마터를 무려 14개나 발견했는데요, 이 가마터에서 바닥이 다 둥글어서 받침이 필요한 백제 토기와 달리 바닥이 납작한 고구려 토기를 찾아낼 수 있었지요.

장수왕이 고구려를 이끌고 있던 당시 고구려 부대가 백제를 공격하였고 남쪽으로 계속 진격해 온 것입니다. 그래서 백제의 새 수도인 웅진을 두고 고구려는 충청북도 청원군에 성을 쌓아 백제와 대치하였지요. 이 성이 바로 남성골산성입니다.

찾아가기 충청북도 청원군 부용면 부강리와 문곡리 일대

『역사공화국 한국사법정 02 왜 부여 대소왕은 억울하다고 할까?』와
관련한 논술 문제를 풀어 봅시다.

※ 다음 제시문을 읽고 물음에 답하시오.

(가) • 살인자는 사형에 처하고 그 가족은 노비로 삼는다.

　　 • 도둑질을 한 사람은 물건값의 열두 배를 물어내야 한다.

　　 • 간음한 사람은 사형에 처한다.

　　 • 투기가 심한 부인은 사형에 처한다.

(나) • 사람의 목숨을 해한 자는 사형에 처한다.

　　 • 남을 다치게 한 자는 곡식으로 배상한다.

　　 • 남의 물건을 훔친 자는 노비가 되어야 하며, 용서를 받으려면
　　　 돈을 내야 한다.

1. (가)는 부여의 법이고 (나)는 고조선의 법입니다. 비슷한 시기에 있
　 었던 두 나라의 법을 비교하여 공통점과 차이점을 쓰시오.

　　 --

　　 --

　　 --

　　 --

※ 다음 제시문을 읽고 물음에 답하시오.

(가)

	부여	고구려
국토 면적	사방 2000리	사방 2000리
인구	호수 8만 호	호수 3만 호
토질	넓고 평탄, 넓은 들 많음	산골짜기 많음, 좋은 논밭 없음
경제	나라는 매우 부강. 근엄 후덕하고 노략질하지 않음	부지런히 농사지어도 식량 부족, 음식을 아껴 먹음, 노략질 좋아함

(나) 옛날 시조 추모왕이 나라를 세웠다. 시조는 북부여에서 나셨는
데 천제의 아들이다. (……) 광개토대왕은 백제를 공격해 아신
왕의 항복을 받아내고 신라에 침입한 왜를 물리쳐 신라를 복속
시켰으며 북으로 거란과 숙신, 동부여를 복속시켰다.

2. (가)는 『삼국지』에 실린 부여와 고구려에 대한 내용이고, (나)는 '광개
토대왕릉비'에 실린 부여와 고구려에 대한 내용입니다. 이를 보고 역
사를 연구할 때 올바른 관점에 대해 쓰시오.

해답 1 (가)는 부여의 법으로 도둑질한 사람에게 물건값의 열두 배를 물어내게 했기 때문에 '1책 12법'이라고도 불립니다. 그리고 (나)는 고조선의 8조법 중 현재까지 전하는 3개 항목이지요. (가)와 (나)에 모두 사람의 목숨을 해한 자에게 큰 벌을 내리는 조항이 있는 것으로 보아 부여와 고조선 사람들은 사람의 생명을 소중히 여겼음을 알 수 있습니다. 또한 남의 물건을 훔치기도 했다는 것으로 보아 각자의 재산 즉 사유 재산이 있었다는 것도 알 수 있지요. 그리고 (가)의 '그 가족은 노비로 삼는다'는 부분과 (나)의 '노비가 되어야 하며'라는 부분을 보아 부여와 고조선 모두 노비가 있었다는 공통점이 있습니다.

하지만 현재 전하는 법을 통해 부여와 고조선을 비교하자면 부여의 법이 고조선의 법보다 좀 더 엄격했음을 알 수 있습니다. 똑같은 '살인'이라는 죄를 저질렀을 때 고조선은 잘못을 한 사람만 사형당하는 반면 부여는 그 가족까지 노비가 되어야 했기 때문이지요. 그리고 '투기가 심한 부인은 사형에 처한다'는 조항을 보아 부여가 매우 남성 중심이었음을 짐작할 수 있습니다.

해답 2 중국 진나라의 학자가 편찬한 역사서인 『삼국지』에는 위, 촉, 오 3국의 역사와 함께 부여, 고구려, 동옥저, 삼한 등의 역사가 실려 있습니다. (가)는 바로 이 『삼국지』에 실린 부여와 고구려에 대한 내용을 표로 정리한 것인데 그 내용이 상이한 점이 주목할 만합니

왜 부여 대소왕은 억울하다고 할까?

다. 비슷한 면적의 부여와 고구려이지만 부여가 인구가 3배 가까이 되고 토질이나 경제 면에서도 훨씬 우수한 것으로 적혀 있기 때문이지요.

또한 '광개토대왕릉비'에 실린 (나)의 내용을 보면 고구려 시조인 추모왕을 천제의 아들이라고 칭하였고 광개토대왕의 우수한 면만을 평가하고 있습니다.

이를 볼 때 역사적 사실을 기록할 때도 기록하는 사람의 주관이 개입될 수 있음을 알 수 있습니다. 따라서 역사를 볼 때는 하나의 사실이나 한 관점만을 따라서는 안 될 것입니다. 역사를 편협한 시각에서 바라보면 올바르게 이야기할 수 없기 때문입니다.

* 해답은 예시로 제시된 내용입니다.

역사공화국 한국사법정 02

왜 부여 대소왕은 억울하다고 할까?

© 김용만, 2010

초 판 1쇄 발행일 2010년 8월 12일
개정판 1쇄 발행일 2014년 12월 15일
      6쇄 발행일 2022년 6월 17일

지은이   김용만
그린이   이동철
펴낸이   정은영

펴낸곳   (주)자음과모음
출판등록 2001년 11월 28일 제2001-000259호
주소   10881 경기도 파주시 회동길 325-20
전화   편집부 (02) 324-2347 경영지원부 (02) 325-6047
팩스   편집부 (02) 324-2348 경영지원부 (02) 2648-1311
이메일   jamoteen@jamobook.com

ISBN 978-89-544-2302-1 (44910)